# Aplicando
# Maquiavel
# no Dia-a-dia

*Fernando Gregório*

# Aplicando Maquiavel no Dia-a-dia

© 2008, Madras Editora Ltda.

*Editor*:
Wagner Veneziani Costa

*Produção e Capa*:
Equipe Técnica Madras

*Revisão*:
Neuza Aparecida Alves
Denise R. Camargo

---

**Dados Internacionais de Catalogação na Publicação (CIP)**
**(Câmara Brasileira do Livro, SP, Brasil)**

Gregório, Fernando
Aplicando Maquiavel no dia-a-dia / Fernando Gregório.
São Paulo: Madras, 2008.

ISBN 978-85-370-0325-1

1. Machiavelli, Niccoló, 1469-1527 - Crítica e interpretação 2. Negócios 3. Planejamento estratégico I. Título.

08-01515 CDD-658.4012

Índices para catálogo sistemático:
1. Negócios : Planejamento estratégico:
Aplicação dos princípios de Maquiavel:
Administração de empresas 658.4012

---

Proibida a reprodução total ou parcial desta obra, de qualquer forma ou por qualquer meio eletrônico, mecânico, inclusive por meio de processos xerográficos, incluindo ainda o uso da internet, sem a permissão expressa da Madras Editora, na pessoa de seu editor (Lei nº 9.610, de 19.2.98).

Todos os direitos desta edição reservados pela

**MADRAS EDITORA LTDA.**
Rua Paulo Gonçalves, 88 — Santana
CEP 02403-020 — São Paulo — SP
Caixa Postal 12299 — CEP 02013-970 — SP
Tel.: (11) 2281-5555/2959-1127
Fax: (11) 2959-3090
www.madras.com.br

# Índice

Introdução ............................................................................. 7
Um Pouquinho de História .................................................. 15
Como Atingir o Poder ......................................................... 19
O Novo Chefe ..................................................................... 23
Da Colonização ................................................................... 29
Da Ofensa ............................................................................ 31
Seja Previdente ................................................................... 35
Preservando o Domínio ...................................................... 39
A Sabedoria em Seguir Bons Exemplos ............................. 43
Dos Efeitos Colaterais que as Mudanças Podem Criar para a Manutenção da Posição Alcançada. ................................... 47
Quando se Conquista o Poder pelo Apadrinhamento .......... 51
Quando se Conquista o Poder pelo Crime .......................... 55
Quando se Conquista o Poder pela Simpatia ...................... 59
A Verdadeira Arte do Comando ......................................... 65
Da Reputação ...................................................................... 71
Generoso ou Avarento? ....................................................... 75
É Melhor Ser Amado ou Ser Temido? ................................ 79
Como Devemos Cumprir nossas Promessas? ..................... 85
A Importância Fundamental da Reputação para o Sucesso . 93

Das Conspirações ............................................................... 97
A Ingenuidade ................................................................. 101
Dividir para Dominar ......................................................... 105
Construindo Fortalezas em Torno de Si ................................ 109
Como Devemos Agir para Ser Estimados ............................ 113
Das Qualidades dos Colaboradores ..................................... 117
Evitando a Má Influência ................................................... 121
Da Indolência .................................................................... 125

# Introdução

– Você está lendo Maquiavel?!
– Sim, por quê?
– Porque ele escreveu para reis, regentes e governantes...
– E, por um acaso, não sou também o governante de minha família, o gerente de meus bens, o dirigente de meu emprego, um administrador de meus negócios, enfim, o regente de minha vida?

Da mesma forma que em uma certa fase de nossa infância descobrimos que os bebês não são trazidos no bico de uma cegonha e que o bom velhinho Papai Noel, na realidade, não existe, ou ainda, que nosso pai não é aquele super-homem que imaginávamos, mas sim uma pessoa normal, com virtudes e deficiências, assim há também uma fase de nossa vida em que é necessário descobrir que o mundo e as relações entre os homens não são maravilhas utópicas como imaginávamos; enfim, há um momento em que é necessário deixarmos de ser ingênuos. Há uma hora em que precisamos saber que no mundo nem sempre as coisas acontecem com a mesma pureza e ingenuidade que encontrávamos nas historinhas de nossa infância, que nem tudo pode ser dividido entre o bem e mal, entre mocinho e bandido, e que a vida real não pode mais ser vista sob o prisma meigo e inexperiente da Chapeuzinho Vermelho, que, aliás, foi comida pelo lobo. Insistir na ingenuidade é ser um suicida de seus legítimos bens e interesses.

Até que o mundo seja o que ele efetivamente é, e não o que gostaríamos que ele fosse, se pretendemos verdadeiramente enxergar o Universo mais próximo possível de sua realidade e não nos atermos a preconceitos inocentes, se queremos de fato quebrar a casca de singeleza que recobre a nossa visão e nos proporms a estar mais preparados para enfrentar o mundo real, não agindo como simplórios, não permitindo que nos tratem como tolos vulgares, há um momento em que precisamos compreender que a vida concreta é uma constante disputa que se processa a cada segundo de nossa existência, comandada por interesses antagônicos – o verdadeiro pano de fundo nas relações entre os homens, as entidades, as empresas e os países, subjazendo a máxima seletiva: "cada um por si".

Mantidas as devidas proporções, é por isso que devemos aceitar como natural que cada um, lançando mão das armas que tem à disposição, tem o direito de existir e de defender seus interesses, de promover sua subsistência, de buscar seu sucesso pessoal, incluindo-se nessas condições os nossos inimigos. Compreender essa realidade é o mais verdadeiro e profundo ato de compaixão.

Uma situação que exemplifica bastante o que pretendemos expor é a tábua de salvação: imagine que você esteja viajando em um barco em alto mar, com outras pessoas. De repente, uma tempestade aparece e vira o barco, que naufraga. Permanecem à tona você, outra pessoa e um pedaço de madeira que, por causa de sua forma e tamanho, só pode salvar um de vocês dois. Veja, só sobreviverá aquele que se agarrar à tábua de salvação, e somente um poderá fazer isso. Caso os dois se agarrarem, morrerão. Assim, você só tem duas opções: ou aceitar se afogar, o que é praticamente um suicídio, ou lutar com o outro para tentar obter a madeira que salvará a sua vida e, com isso, condenar o outro à morte.

De forma bem simples: viver ou morrer ou, de uma forma ainda mais cruel: matar ou morrer. Não é legítimo que você lute para sobreviver? Não é isso que você faz todos os dias?

*A vida é feita de opostos,* uma permanente condição de contendentes, sentenciou o filósofo Heráclito, há mais de dois mil e quinhentos anos.

É interessante notar que essa idéia-chave dos opostos em conflito pode ser encontrada na maioria das grandes civilizações. Todas as coisas que conhecemos se geram por meio de contrastes, há uma guerra perpétua entre contrários que se aproximam. O filósofo então prescreve: "A guerra é mãe de todas as coisas e de todas as coisas é rainha".

O sentido figurado da guerra é aplicável a todo e qualquer conflito, seja entre indivíduos, entre os amantes, entre entidades, entre empresas ou entre países.

Não podemos deixar que a nossa ingenuidade nos obste de ver que os homens não são, ou não podem ser, tão bons como julgávamos que eles fossem, que as pessoas, independentemente da nacionalidade, posição social, raça, sexo ou idade precisam agir e jogar o jogo da vida, buscando sobreviver e satisfazer as suas necessidades e interesses, sejam eles confessáveis ou ocultos. No meio dessa realidade, não é lúcido negligenciar estupidamente que as pessoas e as corporações em conflito busquem constantemente enfraquecer, dominar ou eliminar os seus adversários, fazendo, muitas vezes, o que for preciso para atingir os objetivos e tirar vantagens.

E isso não é um banho de maldade, mas sim um banho de realidade. Isso implica que não devemos nos permitir ser levados pelas aparências das coisas, mas que a busca da verdade deve ser uma constante em nossa vida, mesmo que às vezes não seja tão simpática. É preciso ver que a maldade e a bondade são legítimas, e ambas têm o seu segredo em nossa essência humana.

É claro que devemos ser repletos de piedade, de fé, de virtude, de humanidade, mas, em situações que isso se tornar impossível, não nos é permitido a incúria para com a realidade dos fatos, sob pena de cometermos imprudência com a subsistência de nossos interesses e também daqueles que se encontram sob nossa responsabilidade – nossos filhos, nossos amigos, nossos parentes, nossos subordina-dos, nossos empregados – , o que seria uma grande infâmia contra nós. Ser bons e honrados sim, mas tolos e estúpidos, não!

Não pode ser correto o juízo que nos aconselha a permitir que sejamos enganados, roubados, trapaceados em nosso patrimônio ou no bem-estar da nossa família ou de nossa empresa, por exemplo, simplesmente por estarmos presos a preconceitos simplórios a respeito da avaliação da realidade. Que honra há em permitir que sejamos feitos de idiotas pelos outros? Que sistema ético poderia exigir de nós passividade e omissão diante de agressão e opressão, muitas vezes dissimulada contra nossas vidas, nosso patrimônio, ou a saúde de nossos filhos? Foi Cristo que, ao enviar seus discípulos, admoestou-os dizendo para serem *prudentes como serpentes entre os lobos*. Naturalmente a vida nos porá diante de embates e devemos estar preparados para enfrentá-los, pois quem vai à guerra, dá e leva. No mesmo sentido, o pensador florentino Nicolau Maquiavel* disse que um príncipe não deve ter outro objetivo, nem outra preocupação, nem se dedicar a outra coisa na vida senão à arte da guerra, sua organização e seu estudo. Ora, se como disse Heráclito a existência é uma constante guerra, não só os príncipes, mas também nós, comuns mortais, devemos estar conscientes e preparados para os combates dela e por isso esta obra tem a intenção de trazer para o dia-a-dia as questões levantadas por Maquiavel.

Como uma das figuras mais polêmicas de nossa história, Maquiavel foi também um dos mais originais pensadores do Renascimento e escreveu como um príncipe deveria agir para conquistar e depois manter um Estado. Sabemos que muitas coisas mudaram desde Maquiavel até os nossos dias, mas as regras da vida permaneceram as mesmas. Os mesmos conselhos dados pelo filósofo para que um príncipe conquistasse ou mantivesse um Estado, semelhantemente se prestam para que as pessoas conquistem e mantenham seus "Estados", que podem estar representados pelo seu patrimônio, pela sua reputação, pelos seus bens, pela sua família, pelo seu emprego ou cargo, pela sua empresa, enfim, por aquilo que há de valor na vida de um ser humano.

---

*N.E.: Sugerimos a leitura de *Da Arte da Guerra – Teoria Geral da Estratégia*, de Maquiavel, Madras Editora.

A arte de viver e de governar é a mesma, e assim os conselhos expressados por Maquiavel podem e devem ser democratizados, se prestarem à conquista e à defesa do conjunto de bens naturais e culturais de cada ser humano; e os mais preparados governarão sempre. "Se queres a paz, prepara-te para a guerra."

Analogamente ao que foi ajuizado a um príncipe, interessa-nos a conquista e a manutenção daquilo que temos e daquilo que somos e, por essa razão, também devemos ser calculistas nos momentos de dificuldade, sabendo o que fazer e o que dizer nas horas em que estiver em risco aquilo que temos de valor. Da mesma forma que é legítimo a um príncipe defender seu Estado, também é legítimo defendermos nossa família; assim como é legítimo a um príncipe atacar um país antagonista, igualmente nos é legítimo lutarmos contra os concorrentes de nossa empresa ou contra aqueles que pretendam nos causar prejuízos; assim como é legítimo a um príncipe lutar contra seus inimigos e traidores internos, da mesma maneira nos é legítimo combater nossos pontos fracos ou aqueles que querem nos molestar.

Para expor seus polemizados métodos, que aqui se propõem a ser também aplicados no nosso cotidiano, Maquiavel baseou-se mais em uma ética guerreira e prática do que em uma moral contemplativa e, muitas vezes, hipocritamente submissa. A moralidade expressa por esse pensador florentino é ativa e eficaz, de quem não pode fugir das lides do real cotidiano, de quem precisa arregaçar as mangas e enfrentar a luta efetiva e cruel do dia-a-dia, no meio dos lobos, para alcançar seus sonhos.

Uma vida sem sonhos e objetivos não vale a pena ser vivida. Para alcançá-los, há a necessidade de se enfrentar disputas e, a cada momento, isso implicará em uma escolha entre ser um dominante ou um dominado, um guerreiro ou um lacaio, um lutador ou um fraco, um vencedor ou um vencido.

Não devemos esquecer que o desejo de alcançar o sucesso na vida, de realizar os sonhos, é humano e universal, e a experiência nos ensina que aquele que se empenha em torná-los realidade sempre é motivo de admiração e louvor entre os homens. É inclinação do ser humano menor ser dominado, rebaixado, roubado, iludido, explorado, humilhado. Para este não se presta o que vai aqui.

# Um Pouquinho de História

*O profeta desarmado perece.*

Nicolau Maquiavel, filósofo político do século XVI, nasceu em Florença em 3 de maio de 1469 e morreu no dia 20 de junho de 1527, tendo exercido inúmeros cargos públicos como secretário, embaixador e redator de tratados. É um dos mais originais pensadores do Renascimento, uma figura brilhante, mas também trágica, porém, sempre admirado por sua habilidade de observação e entendimento dos pensamentos ocultos dos homens. Durante os séculos XVI e XVII, o seu nome fora sinônimo de crueldade, não havendo pensador mais odiado nem mais incompreendido do que ele. A fonte desse engano é o seu mais influente e lido tratado sobre o governo, *O Príncipe*, um pequeno livro que tentou criar um método de conquista e manutenção do poder político e que serve de base para esta nossa leitura.

Dedicado a Lourenço de Médici, *O Príncipe* é uma obra que nunca saiu de moda, é um clássico, *best-seller* do pensamento político até nossos dias, uma publicação de referência para sucessivas gerações de estadistas e diplomatas, caracterizada pela inteligência, astúcia, ironia, sorte, virtude e exposição lúcida da realidade.

Maquiavel descreveu em seu *Príncipe* os meios, nus e crus, pelos quais alguns indivíduos tentaram conquistar o poder e buscaram mantê-lo.

Maquiavel afirmou que se baseou em valores históricos, mais em uma ética guerreira do que em uma moralidade contemplativa. Inspira-se mais nos romanos do que se percebe conscientemente, e da influência dos gregos; sua moralidade é ativa, eficaz – uma moralidade para homens que não podem escapar aos assuntos do mundo real. Ou seja, a todos os homens – inclusive você, leitor. É uma moralidade pragmática, fornecendo aos homens instrumentos para agir em tempos de permanente mudança e crise. E, mais ainda, é uma moralidade radicalmente terrena: um sistema de regras para a ação centrado no indivíduo: *"O tempo não pode esperar, a bondade não é suficiente, a sorte varia e a malícia não conhece dom que a refreie".*

Devemos e podemos sempre utilizar a nossa dotação natural de prudência – isto é, se tivermos sido suficientemente afortunados dessa virtude que apenas a natureza pode fornecer – para definir e perseguir os melhores resultados em cada situação.

A norma fundamental em Maquiavel que aqui buscamos aplicar por analogia às nossas vidas é a busca implacável e absoluta dos nossos objetivos e nossa subordinação a este fim, ora agindo com prudência, ora com rudeza, conforme for necessário. Este ânimo, que alguns chamam de coragem, é a força interior que dá a alguns homens o poder de alcançar seus objetivos na vida, de realizar seus sonhos. Essa dose de coragem, aliada a uma mente precavida, é um dos grandes segredos do sucesso. Uma das mais importantes virtudes que devemos cultivar na vida é a prudência, essa racionalidade aplicada a cada decisão que tomamos e que pode nos permitir prever as dificuldades e as soluções no futuro. Isso é essencial, segundo Maquiavel, pois a falta de uma mente crítica, de visão do amanhã, implica na incapacidade de mudarmos a nossa natureza de acordo com os tempos, impedindo-nos de sermos donos do nosso destino. A prudência leva a cabo os cálculos de acordo com a necessidade. Torna-se, assim, guia interior da virtude, levando à sua eficácia – a aquisição daquilo que almejamos.

# Como Atingir o Poder

*Sempre houve aqueles que comandaram e os que obedeceram, alguns de boa vontade, outros contra a vontade.*

Como já falamos, quando usamos o termo *poder*, referimos a um patrimônio pessoal, a um cargo em uma empresa ou a um empreendimento; enfim, um bem que queremos alcançar. Assim, vamos começar analisando quais são as formas possíveis de se alcançar esse poder?

Em *O Príncipe*, Maquiavel analisa de maneira muito sucinta e interessante a origem e as formas para se alcançar o poder e o patrimônio, e conclui que todas as posições alcançadas por uma pessoa só podem ser obtidas por meio de três maneiras: devidas à pura sorte, conseguidas por intermédio de mérito próprio ou por causa das heranças.

Conseguir uma posição por pura sorte é quando o destino lhe põe no colo um bem, como, por exemplo, aquele que ganha uma bolada na loteria, alguém que descobre um tesouro ou que o acaso lhe entrega algo de mão beijada, o que é, obviamente, algo raro de acontecer.

A segunda maneira de se obter o poder é por meio do esforço próprio, do trabalho, da competência e do mérito pessoal, angariando dessa forma um patrimônio, uma posição de destaque; inúmeros são os exemplos de profissionais que, galgando degrau por degrau, alcançaram o topo de suas carreiras, após muita bravura e dedicação. Não menos comuns são os exemplos de empresários que fizeram fortuna, mesmo partindo de uma situação de vida humilde. Falando nisso, jamais se deixe iludir de que é errado ou pecado ter grandes ambições, como algumas correntes dogmáticas pretendem nos incutir na mente.

A terceira hipótese é obter uma posição ou um patrimônio por meio de uma sucessão, quando os pais deixam os bens aos seus filhos, ou alguém passa um cargo de direção a um descendente seu. Como analisaremos nos próximos capítulos, nos casos de bens recebidos por herança, os envolvidos já estão habituados ao comando da situação; por isso, esses bens são mais facilmente conservados do que as posições recentemente conquistadas pelo mérito. Muitas vezes, é suficiente para a manutenção do poder manter os procedimentos adotados pelos antecessores, devendo-se depois ter uma certa calma com as situações novas, de maneira que, se o herdeiro for medianamente capaz, prosseguirá na manutenção da posição anteriormente alcançada pelos antigos. É o caso de um filho que herda uma empresa dos pais, na qual os empregados já conhecem as preferências da família e o novo proprietário já está acostumado ao funcionamento e gerenciamento daquele empreendimento. Não serão somente facilidades, mas é evidente que as dificuldades para manter o empreendimento serão menores.

Nos casos em que há influência e favorecimento trabalhando a favor daquele que assumiu, fica mais fácil continuar "pedalando" os negócios. Isso também se aplica a uma pessoa que conta com o apadrinhamento político para dirigir um órgão público ou uma entidade, ou aos descendentes que passaram a assumir a empresa da família, ou ainda a um filho que assume o *status* da profissão dos pais.

É observado que tais pessoas são mais dificilmente vencidas por contarem com a força do favorecimento e a proteção de seus padrinhos. É muito mais difícil derrubar o novo diretor de uma empresa cujo pai é o acionista majoritário, ou o antigo diretor era seu avô, do que pôr para escanteio outro que, de certa forma, subiu sozinho pelo próprio suor e ainda não construiu sua malha de influência.

Também é salutar lembrar que uma ofensa cometida contra o protegido pode significar uma grande afronta aos patronos. Ofender a um pode ser ofender a todos. A boa prudência aconselha que é preferível buscar a estima e a simpatia do sucessor e evitar o confronto, a não ser que se possa contar com uma força extraordinária e de mesma natureza para derrubá-lo, se esse for o interesse.

Geralmente, quem sucede no poder raramente vai querer entrar em conflito com a estrutura já montada e é evidente que, desse modo, estará mais propenso a buscar apoio e fazer alianças e amizades.

Aqui uma lição importante: a amizade é um instinto de sobrevivência, uma necessidade de dar e receber proteção, uma relação de troca na qual o que mais importa é a lealdade. Mesmo nos julgando detentores de boa capacidade, jamais devemos descuidar de cultivar favores, ampliar o círculo de amizades, de bons relacionamentos, que um dia poderão reverter em algum tipo de influência, patrocínio ou apoio nas horas difíceis.

Essa teia de influência familiar ou de grupos é ainda bastante intensa nos dias atuais.

# O Novo Chefe

*As guerras começam quando se quer, mas não terminam quando se deseja.*

Uma coisa é atingir o topo, outra é sustentar-se nele. Muita gente se esquece que depois de alcançado o objetivo começam todos os problemas para mantê-lo e, por isso, acabam perdendo o que conseguiram.

Observadas as três formas de se alcançar o poder – ou seja, por sorte, por mérito ou por herança –, é útil estudar melhor as dificuldades de manutenção de cada uma delas. Foi visto que é mais fácil manter o controle de algo que se recebeu por herança e sempre mais complicado manter uma nova liderança ou um cargo, quando recentemente alcançado por mérito pessoal, após ter destronado alguém. Quando você expõe sua competência, acaba por despertar todo tipo de inveja, ressentimento e insegurança e, convenhamos, assim como você lutou para alcançar seus objetivos, tem um monte de gente abaixo de você com os mesmos planos, não é?

As mudanças nunca ocorrem sem inconvenientes, e toda renovação causa turbulência. Há sempre uma expectativa natural em relação à nova liderança, pois, geralmente, os homens aceitam um novo guia, acreditando que as coisas irão melhorar. Se por um lado essa expectativa humana facilita mudanças, por outro lado, gera conflitos com aqueles que participavam da estrutura antiga e ficarão inseguros com as novas diretrizes.

Nunca se esqueça de que, se você galgou uma posição, foi porque acharam que você seria melhor que o chefe anterior. Um dia também vão querer trocá-lo por outro, isso é só uma questão de tempo. Há sempre uma crença ou ilusão de que a mudança trará as melhorias almejadas; nem sempre isso é verdadeiro, como mostra a experiência.

Por outro lado, quando se troca de direção, há uma outra necessidade natural e comum que leva um novo chefe a romper o equilíbrio anterior, fazendo mudanças conforme sua visão e seus interesses pessoais, trocando pessoas de lugar e vindo a incomodar as pessoas que estavam acomodadas ou privilegiadas pela situação antiga.

Nessa transição, que deve ser feita com muita cautela e sensibilidade, seus inimigos são todos os que se acham prejudicados com a nova situação; e não se deve considerar amigos os que ali o colocaram, pois ainda não podem estar satisfeitos como desejavam ou não dominaram totalmente suas áreas. E se há uma necessidade inegável para qualquer comandante é conhecer perfeitamente os inimigos, suas posições e seus métodos, a fim de evitar ou se proteger de seus ataques. Embora em muitas situações devemos temer mais nossos erros que nossos inimigos, estar sempre atentos em relação aos nossos adversários nos faz descobrir as nossas próprias fragilidades e fraquezas.

Não é aconselhável, no início, tomar atitudes enérgicas ou precipitadas contra os subalternos, pois ainda se está dependente deles e, assim, mesmo que se possa contar com apoio externo, há a necessidade da boa vontade dos subordinados para garantir o sucesso.

É de se notar que, quando a liderança se faz sobre grupo de pessoas ou instituição que falam a mesma língua do novo dirigente, ou seja, têm a mesma forma de pensamento, cultivam o mesmo tipo de sentimento, estão imbuídos dos mesmos objetivos e ainda estavam acostumados a cumprir as mesmas regras, são mais facilmente governados, em particular quando estavam submetidos a uma autoridade forte e presente.

Para garantir posição de domínio nessas situações, é mister aniquilar a linhagem do líder antecessor, ou seja, desmontar habilmente a estrutura do antigo poder e a rede de influências do chefe anterior, buscando manter as demais coisas na antiga situação, não promovendo grandes diferenças de costumes, pois assim as pessoas não se sentirão muito atingidas. Não é uma boa política desagradar a todos de uma só vez.

Em resumo, nessas circunstâncias críticas e de transição de poder, para manter a posição recém-conquistada, deve-se levar em conta duas regras: primeira, extinguir a linhagem do antigo líder; segunda, não promover mudanças de forma brusca, nas regras gerais e costumes antigos, pelo menos no princípio, para não ofender a tudo e a todos.

Assim agindo, em um período muito breve, ter-se-á consolidada a nova função de comando junto aos dominados.

As dificuldades serão muito maiores quando se busca submeter um órgão ou uma empresa com diretrizes, objetivos, costumes e regras divergentes do que pretende o novo dirigente; nesses casos, são necessárias grande capacidade e uma boa dose de sorte para conservá-lo, mas lembremos que o papel do líder é fazer com que um grande grupo de pessoas persiga um mesmo sonho, em síntese, é *convencer,* e não vencer.

Uma das maneiras mais eficazes é a presença constante do dirigente junto às pessoas, funcionários, subalternos, chefias imediatas e demais integrantes, assim como o cérebro, que, para manter sua função de controlador, se faz presente em todo o organismo através dos sentidos de nosso corpo, das terminações nervosas, buscando ter consciência de tudo o que se passa no seu domínio.

Essa presença do gerenciador pode se dar de forma física ou por intermédio de constantes reuniões com os comandados, inferindo suas opiniões e dificuldade, enfim, utilizando-se das boas e modernas técnicas gerenciais para este fim, mantendo-se ciente dos problemas que possam surgir.

Com essa "presença", levantando-se adequadamente os problemas, pode-se resolvê-los ou remediá-los no tempo certo, do contrário, muitas desordens só se mostrarão quando não houver mais remédio. Afirmavam os médicos que, no começo, a tuberculose era fácil de curar e difícil de reconhecer; com o decorrer do tempo, todavia, senão for reconhecida e medicada, é fácil de reconhecer e difícil de curar.

Além disso, os subalternos estarão mais satisfeitos com o fácil acesso ao administrador e, desse modo, terão mais motivos para amá-lo ou, se for o caso, para temê-lo. Serão mais difíceis os ataques e as críticas vindos de fora, portanto, mais segura a manutenção da sua situação.

~

# Da Colonização

*Aquele que se adianta a vencer os inimigos triunfa antes que as ameaças se concretizem.*

Outra boa solução é instalar gente de sua confiança nos vários lugares de seu domínio, como se fossem colônias se estabelecendo em uma terra distante, pois é necessário contar com o apoio amigo em diversos flancos e isso requer pesquisa, descoberta de pessoas e talentos e prévia programação. Colonizar é enviar migrantes às regiões fora da sede para dominar e manter sua influência sob controle; em última análise, é ocupar espaço. Mas isso deve ser aplicado não apenas fisicamente, mas também em diferentes áreas de atuação, setores e atividades. É bom ter "gente nossa" no setor financeiro, no administrativo, no mercadológico, no de desenvolvimento, e assim por diante.

Da mesma maneira, no ambiente (empresa, departamento, entidade, etc.) com diretrizes, objetivos, costumes e regras divergentes, torne-se o chefe defensor dos mais fracos e procure, com muita sutileza, debilitar os poderosos, não se esquecendo de se cuidar, pois, como já vimos antes, existe sempre a possibilidade de trocarem você por outro.

É possível que as pessoas lotadas em uma filial ou divisão distante do poder central, as "colônias", como denominamos, levadas por ambição ou por temor, comecem a colaborar com estranhos, movidas por interesses particulares.

Os inimigos não dormem e a conseqüência é que, quando os interesses de terceiros chegam a uma repartição, a uma sucursal, ou a uma área de mercado, todos os que se acham enfraquecidos lhe dão apoio, motivados pela inveja daqueles que dominam. Por esse motivo, deve-se buscar a motivação e adesão dessas projeções para que, de boa vontade, formem bloco com a administração. Há ainda o risco de ficarem fortes demais e com muita autoridade, se assim for, com facilidade se tornarão árbitros daquela representação, submetendo-a. A esse respeito, aquele que não comandar bem, rapidamente perderá espaço e, enquanto não perdê-lo, terá sucessivos dissabores e dificuldades.

Em síntese, é uma boa política estabelecer projeções nos espaços conquistados, promover o desenvolvimento dos menos poderosos, sem lhes aumentar em demasia a força, submeter os influentes e impedir que interesses alienígenas mais aptos possam ganhar força. É necessário ocupar e tomar os espaços para que os adversários não o façam antes de você.

Aqueles que foram prejudicados por terem perdido os privilégios, cargos e posições anteriores geralmente serão minoria, mas devem ser espalhados e enfraquecidos para não causar nenhum dano ao novo dirigente, e os que não sofreram prejuízos terão de se aquietar receosos de que tal coisa também lhe aconteça.

Tais ocupações de espaço têm custos reduzidos na sua implantação e produzem pessoas fiéis; ofendem menos e, além disso, se bem conduzido o processo, os ofendidos não podem prejudicar a administração.

# Da Ofensa

*Faça aos outros o que eles fariam a você –
mas faça primeiro e seja definitivo.*

Como pessoas de boa vontade, estamos sempre procurando seguir o bom caminho, fazer as coisas corretas e levar o bem para as outras pessoas, mas sabemos que, mesmo contra nossa vontade, o destino pode mudar tudo de uma hora para outra e nos obrigar a enfrentar o mal, "cara a cara".

Se você não quer ter problemas no futuro, não acredite na neutralidade de seus possíveis antagonistas: adversário quieto, inimigo dobrado. Só há duas formas de relacionamento com eles: a colaboração e a concorrência, a paz ou guerra, mas, mesmo na paz... cuide-se!

Inimigo batido, não é inimigo vencido. Se há uma grande cobra venenosa no seu caminho, não fique dando tapinhas nela, mas dê uma pancada forte e certeira em sua coluna vertebral de tal sorte a matá-la, ou então ela poderá contra-atacar e te envenenar. Se há um vício, um defeito de conduta, atrapalhando sua vida, não fique hesitando e tomando soluções paliativas, extinga-o de uma só vez, seja fatal.

Os inimigos devem ser bem tratados ou definitivamente exterminados, pois, quando se causa danos superficiais, damos a chance da vingança, mas, quando os danos infligidos forem devastadores, não conseguirão reagir. A verdade é que poucas vezes na vida vale a pena ser rude, mas, nessas situações, nunca vale a pena ofender pela metade e, nesses casos, vencerá quem tomar primeiro a decisão de fazê-lo.

Se você tiver de enfrentar alguém, portanto, faça-o de tal forma que não lhe dê condições de se vingar. Um ataque deve ser eficaz e devastador, sem possibilidade de retaliação por parte do inimigo. Se algo o impede de avançar, livre-se dele, corte o mal pela raiz. Se for para fazer, faça o que precisa ser feito e definitivamente; se você quiser sobreviver na competição, aprenda a ser forte, pois, nesses casos, a piedade pelo inimigo o levará à ruína.

Jamais faça ataques irrefletidos que não têm possibilidade de vitória, são tolos os que fazem ofensas ou ataques que simplesmente irritam o adversário e lhe dá a chance e a justificativa de revidar.

Se na paz é salutar ter a pureza da pomba, na guerra é preciso ter a coragem e a força do leão. Ataques que não produzem resultados e só se prestam a provocar e fortalecer o sentimento de rivalidade não tem nenhum valor e devem ser evitados. É o caso típico da pessoa que tem o vício de maldizer os outros, de dar continuidade ao mexerico, à difamação. Esse mau costume somente depõe contra o próprio detrator, e lembre-se que aquele que ouve estará pensando que, como você fala mal de outro, um dia poderá estar falando mal dele também.

Ainda, quando for travar um conflito, procure a vitória rápida, pois os embates longos desgastam forças e posições, e outras pessoas poderão querer tirar vantagem desse seu enfraquecimento. É bem sabido que, quando duas pessoas disputam entre si, uma terceira se alegra. Essa é mais uma razão para ser definitivo no ataque, não permitindo que o inimigo tenha chance de se vingar.

# Seja Previdente

*A angústia é o preço que se paga pela lucidez.*

Falamos que é fundamental a nossa presença junto às coisas sob nossa responsabilidade para que estejamos sempre informados dos possíveis problemas que surgirem e assim podermos resolvê-los ou remediá-los no tempo certo. Um antigo ditado campesino diz que é o olho do dono que engorda os porcos. Além disso, um pai, um dirigente, um empresário, um líder ou qualquer pessoa previdente deve não apenas estar bem informado e administrar o presente, mas se precaver, pensando e antecipando o futuro, utilizando toda capacidade para prever os possíveis problemas que possam surgir, de forma a poderem ser facilmente corrigidos, não permitindo que os fatos nos surpreendam, pois o remédio pode não chegar a tempo e a doença torna-se incurável. Diferentemente do homem cabisbaixo que não olha adiante o caminho que percorre, precisamos estar sempre atentos com o futuro dos nossos filhos, com o amanhã daqueles que dependem de nós, com o destino dos nossos negócios, com o porvir de nossa própria vida. O futuro depende daquilo que fazemos no presente, uma vez que hoje somos o resultado do que fizemos no nosso passado. Nós somos a revolução do nosso futuro e o melhor meio de prevê-lo é inventando-o.

É preciso ser cauteloso na vida e, se os males forem descobertos e estudados com antecedência, rapidamente poder-se-á solucioná-los; mas se forem ignorados, aumentarão a ponto de se tornarem problemas sérios e crônicos e sem solução, poderão nos arrastar para a miséria e para a infelicidade. Diante dos problemas, os fracos ficam indecisos e se põem a lamentar, enquanto os fortes optam por buscar a solução.

O mesmo se aplica na guerra pelo poder, constantemente travada entre a virtude e o vício no interior do ser humano, e, muitas vezes, ficamos procurando o inimigo lá fora e esquecemos de olhar para dentro. Como escreveu Saint-Exupéry[*] em *O Pequeno Príncipe*, as sementes das coisas são invisíveis e dormem no segredo da terra e quando se trata de uma planta ruim, é preciso arrancar logo, mal a tenhamos conhecido. "E um baobá, se a gente custa a descobri-lo, nunca mais se livra dele. Atravanca todo o planeta. Perfura-o com suas raízes. E se o planeta é pequeno e os baobás numerosos, o planeta acaba rachando".

O vício – o nosso grande inimigo interno –, quando descoberto, deve ser radicalmente extirpado. A única atitude do homem sábio deve ser uma constante guerra de aniquilamento total dos vícios dominadores e irracionais.

A prudência deve ser a marca do líder, qualidade de quem age com moderação, comedimento, buscando evitar tudo o que

---

[*]N.E.: Sugerimos a leitura de *A Vida Secreta de Antonie de Saint-Exupéry – A Parábola do Pequeno Príncipe*, de Reneé Zeller, Madras Editora.

acredita ser fonte de erro ou de dano. É preciso antecipar-se aos problemas, sempre lhes aplicando soluções, jamais permitindo que sigam seu curso nefasto, mesmo que isso signifique conflitos imediatos, uma vez que, nesses casos, os conflitos são inevitáveis e, quando protelados, são em benefício dos adversários. Uma guerra não se impede, mas sim se adia em prejuízo de si mesmo.

Seja de si mesmo, seja de uma entidade, o gestor precavido não confia no tempo para resolver os problemas, somente conta com as próprias forças e a prudência, pois o tempo leva consigo todas as coisas e pode transformar o bem em mal e o mal em bem. É nas adversidades que descobrimos nossas virtudes.

Assim, podemos enumerar algumas regras básicas para serem utilizadas, se for o caso, pela pessoa que recém-conquistou o poder e pretende mantê-lo:

- os homens trocam de senhor com boa vontade, você é substituível;
- você necessita da boa vontade dos liderados para o sucesso;
- cultive amizades e relacionamentos que poderão lhe render futuras influências;
- aniquile a linhagem do antigo administrador;
- não mude de forma radical, pelo menos no princípio, as regras e costumes anteriores;
- saiba definir quem são seus inimigos;
- faça-se presente junto às pessoas sob a sua liderança, saiba ouvi-las;

- tome espaço, colonize o seu território, tenha pessoas de sua confiança nas mais variadas posições;
- os homens devem ser mimados ou exterminados;
- se for preciso atacar, faça de tal ordem que não possa haver retaliação;
- seja defensor dos fracos;
- debilite os poderosos;
- acautele-se da entrada de estrangeiros em seu território;
- antecipe os problemas futuros;
- solucione imediatamente os problemas surgidos.

# Preservando o Domínio

> *Quando você tem o poder, na luta pelo poder, não há a necessidade de negociar.*

Há uma regra muito clara que nos diz que é preciso dominar para não ser dominado e, uma vez assumido o poder, faz-se necessário mantê-lo, ou seja, manter o seu domínio.

Assumido o poder e havendo a necessidade de promover mudanças e implantar novo modelo de trabalho, buscando alcançar novos objetivos, só há três maneiras de se preservar o domínio, evitando-se que caia sob a influência de outros.

A primeira, que pode parecer absurda de início, é simplesmente extinguir aquilo que não se submete à sua autoridade, pois o que não mais existe não pode cair sob a influência dos outros. Isso é muito utilizado nas guerras, nas quais são destruídas cidades, fortificações ou plantações, para que o inimigo não possa tomar posse daquele local. É a conhecida "terra arrasada". É o mesmo que dizer ao nosso inimigo: se uma coisa não pode ficar para mim, também não vai ficar para você ou, em outras palavras, se algo não é a meu favor, também não existirá para ser contra.

Essa destruição pode ser feita de muitas e sutis maneiras e aplicada em inúmeros casos, por exemplo, se um setor, um órgão ou mesmo uma organização é contumaz e definitivamente rebelde ao seu poder e não há como submetê-la, uma opção é a extinção dessa unidade ou torná-la tão esvaziada de importância que não possa mais incomodar.

A pergunta que cabe nesse caso é: *Até quando o mal predominará?* – ao que se segue a resposta – *Até que o bem resolva eliminá-lo!*

Quando Marcondes assumiu a prefeitura do seu município, observou que no Departamento de Artes, que fora criado pelo seu antecessor político, constituíra-se um cabide de emprego de seus adversários incompetentes. Imediatamente, por decreto, extinguiu aquele órgão, passando as atribuições para a Secretaria de Educação e Cultura do município, cujo secretário era de sua confiança.

O mesmo se aplica ainda em relação a uma pessoa. Imagine alguém que hesite em se submeter às suas determinações. A maneira mais rápida e eficaz seria demiti-la, mas, se você não pode dispensá-la, uma das formas de destruir sua má influência é esvaziando-a de atribuições, de tal forma que ela nada mais signifique na estrutura, relegando-a ao ostracismo.

O mesmo se aplicaria a um vício que causa mal à nossa saúde. Não hesite em eliminá-lo rápida e eficazmente.

A segunda tática para preservar o domínio, como já foi anteriormente discutido, é manter forte presença junto ao posto sobre o qual se quer conservar o comando, tomando conhecimento imediatamente dos problemas, resolvendo-os ou remediando-os, sem dar chance para que eles tomem dimensões maiores ou que não sejam mais possíveis de serem contidos. Deve ser uma presença maciça, constante e forte. O administrador ausente é forte candidato a ser derrotado pelas adversidades.

A terceira é garantir que a área sobre a qual não se quer perder o poder seja dirigida por pessoas amigas e de confiança, de tal forma que seus interesses sejam mantidos. É a colonização, uma forma indireta de manter sua presença.

Esse subpoder amigo e leal, instituído pelo novo líder, tem consciência de que não será possível viver sem a amizade e a proteção do chefe que o nomeou e assim fará tudo para conservá-lo.

Lembre-se de que é com o apoio das próprias pessoas que ali estão presentes, ali convivem ou ali trabalham, mais do que qualquer outro modo, que se irá manter com mais facilidade o controle.

Márcio, ao ser eleito presidente de seu clube recreativo, sentou-se com seus amigos para nomeá-los para cada um dos departamentos, ou seja, o jurídico, o de futebol, de eventos, náutica e assim por diante.

Porém, por mais que se faça, e sejam quais forem os cuidados, sem promover mudanças ou inovações que poderão causar atritos e insatisfações, as pessoas perigosamente continuarão a recordar as antigas práticas definidas pela gestão anterior.

Por isso, é preciso analisar com perícia caso a caso. Se um espaço é mais comportado e menos sujeito a revoltas, podemos nomear pessoas de nossa confiança para manter a administração. Porém, se aquela posição ou unidade é mais livre e propensa a se rebelar e, portanto, menos sujeita a ser dominada, devemos dirigi-la pessoalmente ou exterminá-la, como já foi falado. Nesses casos, nada de delegar a solução dos seus problemas aos outros, pois no indivíduo que quer predominar, deve sempre vigorar a decisão. Alcança-se o êxito trabalhando e velando.

∽

# A Sabedoria em Seguir Bons Exemplos

*De quem será a vitória? Responda-me:*
*Qual exército tem os oficiais mais bem preparados?*

Não estranhe o leitor de estarmos usando alguns exemplos. Na vida real é bom se basear em exemplos. Os homens caminham com freqüência por estradas já trilhadas pelos antigos, e uma pessoa comedida deve conhecer a história e escolher os caminhos já percorridos por aqueles que obtiveram sucesso, buscando conhecer e reproduzir suas façanhas, quando possível, e, mesmo que não se consiga atingir todo aquele sucesso, sempre aproveitaremos muito de seus exemplos de vida para o nosso benefício.

Por isso, se um país quer contar com bons cidadãos, é salutar que cultive a figura de seus heróis e seus homens proeminentes. Em uma família, é importante que se ressalte às crianças as virtudes e as glórias de seus antepassados. Também a nós, é interessante conhecer e analisar a biografia dos homens de sucesso e daqueles que já ocuparam a posição que ocupamos atualmente para aprender com seus erros e acertos. A experiência, a prudência, os exemplos de sucesso dos mais velhos é uma fonte de sabedoria que não deve ser desprezada. Para o filósofo Sêneca, devemos eleger um homem de bem como modelo e tê-lo sempre diante dos olhos, de modo a vivermos como se ele nos observasse, a procedermos como se ele visse os nossos atos.

Se é bom tomar como modelo o que deu certo, por outro lado, é necessário que tenhamos a coragem de sair da mediocridade, de ousar, de sonhar, de ter projetos grandes e, assim como os seteiros que miram em altura superior, buscar os exemplos dos grandes homens de sucesso, nos mais variados setores da atividade humana, mesmo que o alvo atingido venha a ser abaixo da mirada.

Quando alcançamos uma nova posição, os problemas relacionados à luta pela preservação daquele domínio estão na proporção direta da nossa capacidade. Mais capacidade, menos problemas; menor capacidade, maiores conflitos. Por essa razão, o estudo, o desenvolvimento intelectual e o domínio da técnica são evidentemente importantes. Instrução e capacidade humanas são sinônimos. E tanto aquele que alcançou o poder pela competência como aquele que subiu por sorte do destino vão precisar contar com sua capacidade e com um pouco de sorte para evitar as dificuldades e manter o que foi alcançado.

É elementar que, se formos incompetentes, teremos grandes dificuldades em manter o que quer que tenhamos conseguido. Por essa razão, é preciso investir em nós mesmos, buscar constantemente a sabedoria e o aperfeiçoamento pessoal. É fundamental demonstrar capacidade de encontrar alternativas, trabalhá-las, adaptá-las e implementá-las à vida, ou seja, é mister agregar habilidades e capacidades, combinar dons, talentos e recursos ao poder. É imprescindível ser capaz de fazer as coisas acontecerem, de não se acomodar e estar sempre se superando. "A sorte é o encontro da oportunidade com a capacidade", diz a máxima.

Freqüentemente, observamos que muitas pessoas menos favorecidas pela sorte, que geralmente têm origens mais humildes e que alcançaram o poder por mérito próprio e muito trabalho, conservam-se mais tempo no poder, mostram-se mais preparadas para enfrentar as dificuldades, pois o sucesso não é a ausência de problemas, mas a capacidade de lidar com eles, de encontrar as soluções adequadas. Esses batalhadores são merecedores de nossa admiração. Além disso, o fato de essas pessoas dispensarem uma dedicação exclusiva ao posto, por não ter outras posses, ajuda bastante.

As pessoas que por seu merecimento alcançam seus objetivos enfrentam grandes dificuldades para obtê-los, angariam ao longo do caminho muita capacidade e experiência e, uma vez chegado lá, preservam-nos com mais facilidade.

# Dos Efeitos Colaterais que as Mudanças Podem Criar para a Manutenção da Posição Alcançada

*O homem inaceitável é o que nunca muda.*

Uma vez conquistada uma posição, passa-se a enfrentar os problemas para se manter nela. Assim, é preciso não somente atingir o poder, mas também mantê-lo. Jamais duas pessoas exercerão o poder de formas iguais; por isso, mudança de direção significa, automaticamente, inovação.

É interessante estarmos conscientes de que grande parte das dificuldades enfrentadas para a estabilização de uma nova posição de comando origina-se das inovações e mudanças introduzidas pelo novo detentor que objetiva, por um lado, a evolução do que foi alcançado e, por outro, a própria segurança da nova administração. Em outras palavras, sempre se pretende modernizar com estabilidade.

Promover mudança é sempre algo difícil e arriscado, além de nunca se ter a garantia de sucesso. Os que se beneficiavam da situação anterior, se sentirão prejudicados, enquanto os novos beneficiados ainda estarão tímidos para defender a nova situação, uma vez que as pessoas costumam apostar no novo líder somente quando este estiver concretamente estabelecido.

Assim, quando surgir a primeira chance, os adversários atacarão com fervor o que foi perdido, enquanto os outros, ainda receosos, o defenderam sem nenhuma animação.

Quando você assumir uma nova posição, precisa analisar previamente as circunstâncias antes de propor mudanças.

O sucesso dessas inovações estará mais garantido quando se reunir forças suficientes para forçar a quebra dos paradigmas preestabelecidos, em vez de precisar suplicar para que se façam tais alterações. Quem se propuser a ir desarmado perderá a batalha. É fácil convencer as pessoas de algo, mas é difícil mantê-las nessa convicção; por isso é bom estar preparado para o caso de, eventualmente, se as pessoas não mais acreditarem nas mudanças, fazê-las pela imposição. Lembre-se: é sempre preferível convencer do que impor.

Nesses casos, não há outra solução a não ser manter firmes os que acreditam na nova liderança e forçar os incrédulos a aceitá-la. Uma vez eliminados os focos de adversidade gerados pela sua nova posição, tais líderes poderão ser estimados, fazendo-se seguros, poderosos e felizes. Como é o exemplo deixado por muitos líderes de sucesso, é preciso extinguir todo poder de influência da antiga liderança, formar novos militantes, não se prender somente às amizades antigas, mas conceber e realizar novas obras.

# Quando se Conquista o Poder pelo Apadrinhamento

*Quem é sábio aprende muito com seus inimigos.*

Como vimos, uma das formas de se atingir o poder é pela proteção de alguém poderoso, pela indicação de um político, de um parente, de um amigo influente. Aqueles que assumem o poder pelo patrocínio dos outros ou porque a sorte lhe proporcionou tal posição obviamente despendem pouco esforço para chegar lá, mas a preservação daquilo que se conseguiu de graça geralmente se faz com mais dificuldades.

Nesses casos, nenhuma dificuldade foi enfrentada para alcançar a posição de domínio, pois o protegido voou até ele. Agora, depois de galgado o posto, as coisas podem se complicar. Como conquistaram o poder proporcionado pelas "armas e fortunas alheias", esses chefes improvisados passam a depender exclusivamente da vontade e da sorte daqueles que lhes concederam a posição, que se configuram como dois fatores extremamente volúveis e instáveis.

Nesses casos, esses protegidos não sabem ou não podem conservar aquilo que foi conquistado. Caso não sejam portadores de excelentes habilidades e virtudes pessoais, e tendo vivido sempre em condições diferentes, é razoável pensar que sejam pessoas despreparadas, que não saibam nada de administração, de liderança e, por outro lado, são despidos de força próprias, amigas e leais, que lhes garantam a manutenção do poder.

É natural que aquilo que surge de súbito, sem o necessário tempo de crescimento, ou como todas as coisas que evoluem muito rapidamente, não podem ainda ter raízes nem membros fortes e abatem-se quando advém o primeiro golpe de adversidade: a natureza não dá saltos. "Não é verdadeiramente teu o que é teu, por dom da sorte", disse Lucílio.

É uma exceção quando um herdeiro assim empossado consiga se preparar para manter aquilo que a sorte lhe atirou no colo e saiba conservar solidamente as bases antes alicerçadas por outros.

O fato é que, aqueles que não preparam antes os alicerces, somente serão capazes de executar o trabalho necessário caso possuam excepcional capacidade.

É o caso bastante comum dos homens que criaram grande fortuna e se vêem obrigados, seja pela idade avançada, seja por outros motivos, a transferir seu patrimônio para seus herdeiros ou sucessores inaptos; é também a típica situação dos líderes estabelecidos, quando encontram dificuldades para dar continuidade ao seu patrimônio, à sua posição social, à sua influência política, à sua empresa, por meio dos filhos ou protegidos mimados e mal preparados em função do luxo e do ócio patrocinados pela vida rica e fácil. Aqui se aplica a máxima popular: *pai rico, filho nobre, neto pobre!* Manter o poder é também prever a sua secessão, embora o orgulho e a imprevidência impessam que a maioria dos líderes se ocupe disso.

Para os apadrinhados igualmente se aplicam as mesmas regras: saber proteger-se dos inimigos, fazer amigos, vencer, seja pela força, seja pela astúcia, tornar-se amado ou temido, ser seguido e respeitado, eliminar aqueles que podem ou devem ofender, renovar as instituições antigas, ser severo e grato, magnânimo e liberal, acabar com as forças desleais e formar novas, contar com a amizade de outros líderes poderosos, de sorte que sejam solícitos no benefício e temerosos de ofendê-los.

# Quando se Conquista o Poder pelo Crime

*O ato de injustiça nos horroriza por despertar em nós a consciência do que somos capazes.*

Mesmo que isso nos choque, além da sorte e do mérito podem ser observadas mais duas formas de assumir o poder: uma é obter o poder pelo crime, pela perversidade, utilizando-se de métodos ilegais e imorais; a outra é galgar o poder pelo favor e simpatia dos comandados. E quantas e inumeráveis formas de perpetrar o mal pode conceber a imaginação humana para derrubar alguém? Se isso não nos serve de exemplo a ser seguido, que nos sirva de alerta. Embora, em algumas situações, se torne possível, deve-se notar que não é tarefa fácil a manutenção do poder que foi alcançado por meio do cometimento de um crime, pois, após traições e perfídias, é difícil que se consiga viver em paz e a salvo em seu posto, tendo ainda de se defender de inimigos externos e impedir que os subalternos tramem sua queda ou que se insurjam contra a situação.

Mesmo àqueles que conseguiram tomar o poder por meio de um ato condenável que é terrivelmente difícil mantê-lo, e muitos se mostraram incapazes de sustentar o poder e a paz, em virtude da maldade cometida, tampouco juntar as condições necessárias para o desenvolvimento normal dos trabalhos. Alguns tiveram a coroa como preço do próprio crime; outros, a forca.

Porém, as conseqüências dependem muito da forma como se pratica os atos indignos. Pode-se chamar de "bem praticado" um ato de crueldade (se é que se pode denominar de "bem praticado" um ato deste tipo) executado de uma só vez, para maior segurança de quem o pratica, e depois são colocados de lado, trazendo benefícios também aos que se encontram nos níveis inferiores da hierarquia. Se, de forma eficaz e rápida, conseguir satisfazer não só seus interesses, mas também se preocupar em satisfazer os interesses dos subalternos, as coisas podem ficar mais fáceis.

Não é aconselhável a hesitação nos processos de ofensa que se estendam demoradamente e vão aumentando com o decorrer do tempo em vez de pararem. Nesses casos, é muito problemático conservar o poder.

Quem segue a primeira opção, ou seja, pratica o ato duro que precisa ser praticado de forma instantânea e eficaz, pode com um pouco de sorte e a ajuda de outros, encontrar remédio para as conseqüências.

É fundamental que um administrador saiba que, uma vez assumido o poder, se deve definir criteriosamente as investidas necessárias e depois fazê-las de um só golpe, a fim de não precisar renová-las a cada dia. Dessa forma sim será o líder capaz de inspirar confiança e conquistar o apoio das pessoas que se beneficiaram do ato duro.

Deve-se cometer todas as agressões de uma só vez para que ofendam menos. Aquele que age de forma diferente, seja por insegurança, seja por ter dado ouvidos a conselhos errados, terá a necessidade contínua de manter na mão a faca e jamais poderá confiar nos seus dominados, uma vez que estes também não podem confiar nele por causa das constantes ofensas.

Quanto à prática do bem, a regra é exatamente oposta, ou seja, os benefícios devem ser distribuídos aos poucos e ao longo do tempo, de forma que sejam mais bem saboreados.

É importante salientar que um dirigente precisa manter uma convivência e procedimentos regulares dentro de praxes preestabelecidos, ser bem proporcionado nas suas atitudes, equilibrado em relação aos seus chefiados, de maneira que acidente algum, bom ou mal, o faça mudar, pois nos tempos difíceis, vindas as necessidades, poderá não ter tempo de praticar o mal; e o bem que fizer não o beneficiará, uma vez que será julgado forçado pelas circunstâncias, e ninguém dará valor pela prática.

Assim, podemos enumerar alguns princípios básicos:

- pode-se assumir o poder cometendo atos ilegais e imorais;
- pode-se assumir o poder por favor e simpatia dos comandados;
- mesmo após muitas traições e perfídias, pode-se viver em paz;
- conquistado o poder, deve-se definir criteriosamente as ofensas necessárias;
- os atos duros ou cruéis devem ser praticados de um só golpe;

- jamais prolongue as injúrias;
- é salutar que os atos duros e cruéis tragam também algum benefício aos subalternos;
- os benefícios devem ser concedidos aos poucos para que sejam melhor saboreados e valorizados;
- o dirigente deve manter procedimentos firme e constante a qualquer tempo, prevendo tempos difíceis.

# Quando se Conquista o Poder pela Simpatia

*A guerra é a arte do engano.*

 Já vimos que também é possível assumir uma posição de comando não com perversidade ou outra artimanha, mas sim em virtude da recompensa ou pela simpatia das pessoas. Sem dúvida, esta é uma situação muito mais confortável. Para alcançar o poder dessa forma, não há a necessidade de grandes méritos nem de muita sorte, mas de uma certa dose de astúcia equilibrada, um pouco de finura, de malícia, de uma pitada de sagacidade.
 Desta feita a posição desejada pode ser alcançada ou pelo favor dos comandados, ou pelo favor dos poderosos, ou seja, com a ajuda dos que estão acima de você ou com o apoio dos que estão abaixo de você.

Em todas as organizações se encontram duas tendências opostas entre si: de um lado as pessoas não querem ser oprimidas pelos poderosos; de outro, os dirigentes desejam controlar a situação. Essas duas forças opostas, surgidas da relação entre comandantes e comandados, estão sempre presentes e geram várias situações interessantes.

Quando os poderosos descobrem que não poderão resistir às pressões dos comandados, começam a "fabricar a fama" de um elemento seu e trabalham para torná-lo líder para, sob sua sombra, satisfazer seus interesses. É o típico caso de muitos candidatos políticos, cuja imagem é fabricada, com a ajuda da mídia moderna, pelos grupos poderosos para assumir o poder político em benefício de poucos. Outro exemplo são os conhecidos "pelegos", os sindicalistas subservientes fabricados pelo patronato e infiltrados nos sindicatos operários.

Mas também os dominados – o povo, os empregados de uma empresa, os associados de uma instituição –, percebendo que não podem resistir aos grandes, criam igualmente a reputação de uma pessoa de sua influência e procuram elevá-la ao poder para manterem-se mais seguros sob sua autoridade.

É fato que manter a posição alcançada pelo apadrinhamento dos poderosos é mais difícil do que sustentar uma posição conseguida pelo patrocínio direto dos comandados. Além disso, aquele que galgou o poder por benefício dos grandes terá estes a cobrá-lo sobre seus interesses, nem sempre confessáveis, e isso limitará sua autonomia. Não se pode, com honestidade, manter satisfeitos os grandes sem prejuízo dos demais.

Se, por um lado, o poder atingido de forma democrática é um poder mais solitário, por outro, é mais fácil satisfazer aos associados, aos empregados, enfim, aos comandados que lhe devotaram apoio, pois seus interesses e objetivos são mais honestos do que os interesses dos grandes; estes desejam oprimir e aqueles não querem ser oprimidos.

Um dirigente sempre estará sujeito às hostilidades de seus comandados pelo simples fato de estes serem em grande número, com grande diversidade de pensamentos e objetivos variados. Quanto aos grandes, é possível satisfazer, pois são poucos.

O pior que pode ocorrer a um líder é ser abandonado por seus liderados. Já da inimizade dos grandes, o líder não deve temer somente o abandono, mas também o ataque, porque estes possuem uma visão mais ampla, têm poder, são sempre mais astuciosos, e sempre têm tempo de se salvar, aproximando-se dos prováveis vencedores.

Mais uma vez a lição: embora o líder possa prescindir dos poderosos, precisa sempre conviver e manter a amizade de seus liderados, pois estes podem tirar o apoio ao seu bel-prazer.

Para maior clareza, os grandes podem ser classificados em dois grupos principais: aqueles que dão apoio em todas as situações e aqueles que agem diferentemente.

Os que o apóiam e não são falsos merecem seu respeito e toda sua estima.

Aos que não dão total apoio, devem ser analisados sob dois aspectos: se não o apóiam por covardia e defeito do próprio caráter, podem servi-lo mesmo assim, em especial se forem capazes de dar bons conselhos, dicas e experiências, pois nas épocas felizes serão úteis e nas adversidades pouco influenciarão.

O problema apresenta-se relativamente àqueles grandes que não o apóiam por postura e ambição. Quanto a estes não há outra solução a não ser permanecer atento e temê-los como se fossem inimigos, pois nas dificuldades contribuirão para ver a sua ruína.

Quando se atinge uma posição de comando por influência e favor dos iguais ou subalternos, deve-se cultivar a amizade dessas pessoas que o apoiaram e jamais pensar em oprimi-las. Quando se atingiu o poder por força dos poderosos, deve-se procurar, em primeiro lugar, conquistar a simpatia e a amizade dos subalternos. Em ambos os casos, faz-se necessário buscar a estima, a simpatia e a camaradagem daqueles que estão sob suas ordens.

É interessante notar que os homens, ao receber um benefício daquele de quem só aguardavam o mal, dão seu apoio ao benfeitor, fazendo-se seu amigo mais depressa do que se o dirigente tivesse assumido aquela posição por causa do seu favor. Essas vantagens, melhorias, benefícios e auxílio que devem ser dados pelo dirigente não têm uma regra fixa porque variam de acordo com as circunstâncias da organização em que se acham.

O fato é que você deve cultuar a amizade e a camaradagem de seus comandados ou terá dificuldades nos momentos difíceis de sua carreira administrativa.

Por outro lado, não é sem sentido o velho provérbio que diz: "Os que se apóiam no povo tem alicerces de barro". Isso porque um líder não pode se iludir que, mesmo lhe dedicando amizade, os comandados irão salvá-lo nas situações de extrema adversidade. São muitos enganos nesse sentido.

Contudo, caso você saiba comandar e seja alguém com coragem, que não se desanima frente às adversidades e, por seus méritos, inspira a confiança de seus comandados, nunca será enganado por eles e há de constatar que seus alicerces estão reforçados.

Quando há uma hierarquia complexa e descentralizada nas horas de maior adversidade, suas ordens poderão não ser totalmente cumpridas pelos chefes menores, e estes poderão até ser hostis e desafiar seu poder.

Quando está tudo bem e as coisas estão caminhando em paz, todos lhe vêm fazer promessas de amizade e até dão a vida por você, mas é só o tempo fechar e realmente precisar do sacrifício das pessoas, acham-se poucos prontos para a luta. Conforme ensinou Sun Tzu, "aquele que se empenha a resolver as dificuldades resolve-as antes que elas surjam, e aquele que se antecipa a vencer os inimigos, triunfa antes que suas ameaças se concretizem".

Conclui-se, então, que um líder ponderado deve pensar nos modos possíveis de convencer seus subordinados de que sua autoridade é muito necessária e benéfica a todos e fazê-los conscientes de que seus empregos ou suas posições dependem do sucesso de sua administração junto à empresa ou organização; só depois serão confiáveis.

Algumas dicas que podemos retirar dessas lições:

- o poder pode ser alcançado com o patrocínio dos que estão abaixo de você;

- o poder pode ser alcançado com o patrocínio dos que estão acima de você;

- no caso do apoio vir de baixo, há necessidade de um pouco de astúcia e mérito;

- as pessoas rejeitam ser oprimidas, os grandes desejam comandar;

- os grandes fabricam reputação para infiltrar pessoas no poder;

- os comandados também criam reputação para erigir líderes confiáveis;

- aquele que teve patrocínio dos grandes, pode ter mais dificuldade em manter o poder;

- aquele que teve patrocínio dos grandes, terá seu poder cerceado;
- os comandados sempre hostilizaram os líderes, mas são mais honestos nos seus interesses;
- é mais fácil satisfazer os grandes, porque são poucos;
- não se pode satisfazer os grandes sem prejudicar os demais;
- o pior que pode acontecer a um líder é ser abandonado por seus liderados;
- fique atento aos grandes e ambiciosos;
- respeite e estime os que o apóiam, nunca os oprima;
- cultive sempre a amizade dos subalternos;
- os que se apóiam imoderadamente no povo têm alicerce de barro;
- nas horas difíceis, acham-se poucos;
- faça de sua administração imprescindível;
- convença de que os interesses dos demais também depende de seu sucesso;
- antecipe a solução de suas dificuldades.

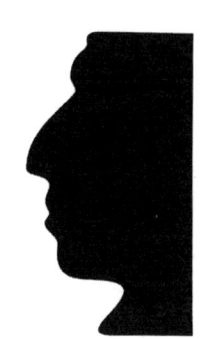

# A Verdadeira Arte do Comando

*O mundo tal qual é e como foi sempre.*

O ofício de um líder deve ser o de estar constantemente pensando e se preparando para o enfrentamento das adversidades, bem como seguindo os planos definidos e mantendo sua própria disciplina e a de seus subordinados, pois esta é a única e verdadeira arte que se espera de quem comanda. É preciso estar sempre preocupado com o futuro.

Esta prática, esta forma de agir previdente é tão importante que não apenas conserva um líder no poder, como também é capaz de fazer uma pessoa atingir aquilo que pretende.

A prudência é uma qualidade básica do ser pensante, daquele que coloca a consciência antes de cada palavra, de cada atitude, de cada decisão. E um homem se faz conhecer por suas atitudes; se forem boas, os resultados também o serão.

DEUS não nos deu o espírito de timidez, mas sim de força, de amor, de *prudência*, é o que se ensina na Epístola de São Paulo. A prudência é a qualidade de quem pensa e age com comedimento, é o homem previdente buscando evitar, com antecedência, tudo o que acredita ser fonte de erro ou de dano. É a necessária atitude de cautela, de precaução. Ser prudente é não permitir ser pego de surpresa pelas adversidades, é a marca de circunspeção reflexiva, da ponderação dos juízos, da sensatez do caráter.

É fácil constatar vários exemplos daqueles que perderam tudo o que tinham quando se deixaram levar pelo luxo, e não pelo trabalho.

A primeira causa que pode levar alguém a perder o que conquistou é descuidar dessa arte guerreira, ao passo que o exercício dela pode levar à conquista do poder.

Há inúmeros exemplos de homens que, pela aplicação, pelo obstinado trabalho, pelo enfrentamento pertinaz das dificuldades da vida e pela autodisciplina, conseguiram conquistar posições de destaque em suas áreas; já seus filhos, com o caráter enfraquecido pelo ócio, fugindo das responsabilidades, imbecilizados pelo luxo e pelas facilidades oriundos das conquistas de seus pais, acabaram perdedores.

Aquele que não se prepara constantemente para os embates da vida, que não sabe ter firmeza nas situações críticas que o destino lhe reserva, será fatalmente submetido por aqueles que souberam se aprontar. Ninguém deve ficar sentado no banco da praça à espera de grandes oportunidades, a sorte só ajuda quem a procura. Quem não estiver preparado para o futuro vai perder o poder, aquele que se prepara, conquistá-lo-á.

Não há comparação entre um homem preparado e um despreparado, e não se pode querer que aquele que se preveniu, que planejou com antecedência, que premeditou sua aptidão, que se instruiu, venha obedecer de boa vontade àquele que não é capacitado. O inapto nunca está seguro no poder.

Um líder que não tenha angariado o conhecimento necessário para exercer sua função, que não tenha aptidão e talento para aquilo que se propôs, além de outras infelicidades, não contará com a estima de seus subordinados nem poderá confiar neles.

Assim, mesmo nos tempos de prosperidade e paz, deve-se ocupar em se preparar constantemente para os desafios do futuro, capacitando a si e aos seus subordinados para os choques do porvir. A inação arrefece as energias da alma, e "a preguiça anda tão devagar que a miséria facilmente a alcança."

Assim como fazem os exércitos nos momentos de calmaria, quando as dificuldades não se apresentam, é importante estar prevenido e em constante treinamento e aperfeiçoamento, procedendo-se à analise de possíveis situações que possam surgir no futuro e, assim, se e quando chegarem os tempos de hostilidades, o líder e seus subordinados estarão aptos a enfrentá-las, e não serão pegos de surpresa.

O líder que falha nesse aspecto, falha na primeira qualidade que um comandante deve possuir. É essa salutar prática que ensina reconhecer o inimigo, quando este se apresentar, das mais diversas formas, que ensina a hora de recuar, a hora de investir, que estratégia aplicar, onde conseguir maior vantagem em relação aos concorrentes. Por isso é preciso sempre pensar na guerra, mesmo nos tempos de paz.

Um líder deve ser, antes de tudo, um homem bem formado, física e intelectualmente, investir constantemente no seu conhecimento, estar informado sobre tudo que acontece no mundo sobre sua área, avaliar as ações tomadas por aqueles que atingiram o sucesso, como os grandes expoentes se conduziram, quais seus erros e acertos, e sempre que possível aplicar as fórmulas já testadas, buscando fugir dos erros cometidos. Ter o hábito da leitura da biografia dos grandes homens é uma boa prática. E, ainda, devemos lembrar que se aprende muito estudando os negócios que deram errado.

Um homem sábio deve prestar atenção a essas coisas e jamais se acomodar, jamais permanecer ocioso nos tempos de paz; ao contrário, deve, com astúcia, juntar o cabedal que possa servir nas adversidades, para estar sempre pronto para enfrentá-las.

Algumas dicas que podemos retirar dessas lições:

- devemos estar sempre se preparando para o futuro;
- devemos ser disciplinados;
- devemos sempre estar preparados para a guerra, mesmo em tempo de paz;
- devemos buscar ser competentes naquilo que fazemos;
- não devemos nos permitir ser escravos do luxo e do ócio;

- uma pessoa incompetente não tem o respeito de seus subordinados;
- devemos estimular os subordinados a se preparar para a guerra, mesmo em tempo de paz;
- devemos buscar bom cabedal de conhecimento na nossa área de atuação.

# Da Reputação

*Quem já não se sacrificou algum vez – pela própria reputação?*

O ponto que agora surge é: como deveríamos nos comportar com os outros, com nossos subordinados e com nossos amigos?

Aquele que se comporta como ovelha, o homem que, vivendo entre os maus, confia unicamente na bondade, estará fatalmente condenado à ruína, e mais, poderá também estar condenando à infelicidade aqueles que dependem dele. Em muitas situações de nossa vida, pode ser necessário que saibamos dosar uma certa "dureza de procedimento", uma crueldade no agir.

Por mais polêmico que seja, queiramos ou não, se pretendemos defender e conservar aquilo que temos, e que muitas vezes foi obtido por meio de muito suor e trabalho, é preciso aprender a usar de uma certa severidade e empregar uma dose de rusticidade e frieza conforme as circunstâncias, contra aqueles que querem nos lesar.

Quando nos encontramos em uma posição de destaque, podemos ganhar notabilidade por aquilo que as pessoas aprovam ou reprovam em nosso comportamento. Vivemos em sociedade, e as pessoas sempre estarão nos julgando e rotulando; alguns serão tidos como liberais e outros como avarentos; alguns ganharão a fama como pródigos e outros como corruptos; alguns como cruéis, outros como piedosos; alguns como falsos ou leais, delicados ou truculentos, covardes ou corajosos, humanitários ou egoísta, lascivo ou casto, estúpido ou astuto, enérgico ou fraco, religioso ou incrédulo e assim por diante.

A reputação é um precioso tesouro que precisamos estar constantemente colecionando e protegendo, e a fama é sempre a mãe de todas as virtudes. É elementar que precisemos sempre nos preocupar com nossa reputação, com nossa imagem pública, e será digno de louvor o reconhecido como portador ou como possuidor das boas qualidades.

Mas estamos falando de homens normais e falíveis e a natureza humana não permite a posse de todas as virtudes, e nem mesmo a sua prática é consistente. Dessa forma, é necessário que sejamos cuidadosos a ponto de evitar defeitos que possam prejudicar a posição ocupada ou as nossas amizades e praticar, sempre que possível, as qualidades que nos garantam a posse da posição. É recomendável investir em uma única qualidade: honestidade, ou competência, ou articulação, só para citar alguns exemplos.

A reputação é seu cartão de visitas e chegará sempre antes de você e, acredite, quando você chegar lá, muita coisa já terá acontecido em virtude de sua fama.

Como diz o ditado popular: a fama bem longe soa e, mais depressa, a má que a boa. Por isso, atingir a reputação de outra pessoa é uma arma poderosa, mas pode se voltar contra o próprio difamador ao expor sua índole vingativa.

Contudo, esforçando-nos para ter uma boa reputação e fazendo o que está ao nosso alcance, se não pudermos atingir um ponto ideal, é preciso que deixemos que as coisas sigam seu curso natural, sem muita preocupação de nossa parte.

Nem tudo que brilha é ouro e, às vezes, não devemos nos importar com a fama de ter certos defeitos, se isso for necessário para manter o controle das coisas. Se analisarmos com cuidado, haverá coisas que parecem virtudes e que, se forem praticadas, nos conduzirão à ruína, enquanto outras, que podem se apresentar inicialmente como imperfeição, mas que, se forem praticadas, trarão bem-estar e segurança a você e aos seus.

É o preço que se paga para manter o poder. Um administrador pode precisar ser enérgico e avarento nas despesas para que os negócios não entrem em crise. Nesse caso, pouco importa o que falem de você, pois o importante é que os negócios continuem andando e sustentando a todos.

Lembre-se de um pai que, procurando garantir o futuro e os estudos de seus filhos, busca, com certa energia e disciplina da sua família, poupar o máximo possível suas economias e, por isso, é tachado de pão-duro. Na realidade, um chefe de família esbanjador poderia parecer momentaneamente virtuoso para seus filhos, mas, provavelmente, estaria irresponsavelmente comprometendo o futuro de sua prole. O mesmo ocorre com o chefe do departamento de custo de uma empresa ou com um ministro de Estado. Obviamente que o excesso, nesses casos, não seria útil.

Um instrutor militar, um chefe, um técnico de uma equipe esportiva ou um pai, um administrador, enfim, um líder, que não saiba utilizar um pouco de "crueldade", quando for preciso para disciplinar seus subordinados ou educar seus filhos, estará fadado ao insucesso.

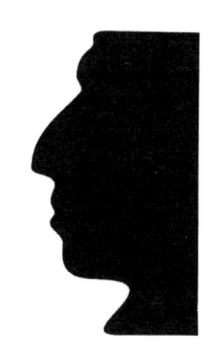

# Generoso ou Avarento?

*O modesto tem tudo a ganhar.*

    É preciso aprender a dirigir o dinheiro, para que o dinheiro não nos dirija; e aqui surge então uma antiga e instigante questão: É bom ser julgado gastador ou seguro por aqueles que dependem de nossa liderança?
    Digamos que seja bom para um chefe ou um líder desfrutar da fama de que é uma pessoa que enfia facilmente a mão no bolso, que gasta com facilidade, que é generoso para com seus chefiados. Se praticar esse gasto de forma virtuosa, ou seja, de maneira anônima, de tal feita que ninguém fique sabendo, isso obviamente não trará vantagem para sua reputação, e não lhe livrará de uma possível fama de mesquinho. Aquele que pretende desfrutar de um conceito de pessoa generosa e gastadora de dinheiro não pode deixar de lado nenhuma forma de exibição, e de certa extravagância, para isso.

O problema é que, uma vez gastos os recursos além do limite de sua capacidade, terá de se buscar dinheiro de qualquer forma, até mesmo podendo acarretar maiores sacrifícios dos liderados, e não tendo mais recursos para manter o ritmo anterior de dispêndios, será ainda tachado de miserável.

É como se tivesse armado uma cilada para si mesmo. Esse comportamento acabará ainda acarretando o desprezo daqueles que estão sob sua influência e, no final, sobrará os percalços e as mazelas da pobreza. Dessa forma, os gastos em excesso de um líder beneficiará poucos e prejudicará muitos, implicando em sérios riscos para a manutenção de sua posição. E, se perceber tarde essa situação e tentar recuar, irá angariar rapidamente a fama de avarento.

Desse modo, um líder que se preze deve ser comedido ao gastar os recursos, mesmo que seja inicialmente chamado de mesquinho, uma vez que, com o decorrer do tempo e dentro das possibilidades, poderá se mostrar mais generoso. Agindo de forma previdente na administração dos bens disponíveis, o líder trará segurança àqueles que estão sob sua direção, demonstrando capacidade suficiente para o enfrentamento de futuras dificuldades ou para atingir os objetivos almejados. É interessante notar que a reputação de um dirigente não aparece no balanço da empresa, mas só o resultado das decisões.

Essas regras precisam ser aplicadas a todo tipo de recurso, assim como nossas energias, que devem ser criteriosamente poupadas e competentemente direcionadas para alcançarmos nossos objetivos. Muita gente tem boas idéias, bons valores e consegue até gerar energia e motivar pessoas, mas, por alguma razão, dissipa e não consegue direcionar essa energia para o alvo desejado, desperdiçando-a inutilmente ao longo do caminho.

De fato, o verdadeiro líder generoso é aquele que age com parcimônia e não traz prejuízo aos seus comandados, ainda que possa ser considerado miserável, na opinião de alguns poucos que não chegam a ter compreensão ou consciência da necessidade de bem administrar os recursos escassos.

Embora ninguém fique rico apenas poupando, você pode observar que todos os esbanjadores que gastam sem reflexão são ou serão exemplo de ruína, enquanto os que astuciosamente sabem economizar e bem administrar os recursos disponíveis conseguem alcançar seus objetivos.

Fica claro que um líder deve ser exemplo de poucas despesas, de modo a não se ver forçado a onerar seus funcionários, sua família ou aqueles que vivem sob sua responsabilidade, podendo se prevenir das dificuldades, do empobrecimento e do fracasso, e o que é pior, muitas vezes, precisando se sujeitar a agir como um pedinte ou um imoral.

No comando, não devemos nos importar com a fama de econômico porque este é um dos defeitos que dá oportunidade de bem governar. Se tivermos de gastar o que não temos, teremos de gastar o que é dos outros.

Conclui-se que o mais prudente é gozar da fama de econômico, ou seja, alguém extremamente seguro nos gastos, o que provoca má reputação, porém sem ódio, do que, para conseguir a fama de gastador e generoso com as despesas, se ver forçado ao final a ter também a fama de rapinador ou imoral, o que é uma odiosa infâmia.

Algumas lições podemos tirar disso:
- É preciso aprender a dirigir o dinheiro para que o dinheiro não nos dirija;
- Se quiser ter fama de esbanjador, não deve economizar exibicionismo;

- O gastador, caindo na miséria, perderá o prestígio de todos;
- O líder deve administrar com parcimônia e competência os recursos;
- A fama não aparece no balanço da empresa;
- O líder deve ser exemplo de poucas despesas;
- É preferível ser tachado de miserável do que de perdulário;
- Não se preocupe com a fama de seguro, pois é ela que dá oportunidade de bem governar.

# É Melhor Ser Amado ou Ser Temido?

*Deve-se ser sempre temido em função dos castigos que pode infligir.*

Caso lhe perguntassem se gostaria de ter a fama de pessoa clemente ou cruel, é claro que responderia que gostaria de ter a reputação de pessoa bondosa e compassiva. Qualquer um que esteja no comando tem, obviamente, a mesma pretensão de ser querido por todos. O sentimento de amor embeleza nossa existência e insufla nosso espírito com o desejo do afeto recíproco. Diz Hecatão: "Vou indicar-te uma receita para o amor que dispensa o recurso a filtros, ervas ou fórmulas de feitiçaria: se queres ser amado, ama!". Alimentamos sempre a esperança de ser amados.

Surge então a questão: e se para manter a sua posição e buscar os seus objetivos for necessário ser temido em vez de ser amado?

As coisas podem ser diferentes quando se está no comando. Como líder, no efetivo exercício do poder, as coisas mudam e a fama de grande benevolência de uma pessoa poderá ser prejudicial ao seu governo.

Na verdade, um administrador não deve se preocupar com o fato de lhe atribuírem a fama de rigoroso, se em troca mantém os que estão sob sua responsabilidade disciplinados, unidos e comprometidos com os objetivos de seu empreendimento. Um administrador tem de ser, antes de tudo, eficiente, e não necessariamente bonzinho.

Por mais paradoxal que nos possa parecer, mesmo aplicando algumas exemplares punições, um líder será mais piedoso do que aquele que perde a autoridade por excesso de piedade, deixando que se instale a bagunça e a desarmonia, que irão resultar em prejuízo para todos, até mesmo levando à ruína uma empresa ou uma família.

Assim, no comando, o excesso de compaixão irá prejudicar toda uma comunidade, enquanto umas poucas e exemplares penalizações prejudicarão pouquíssimos. Esta, de fato, é uma análise realista das coisas.

Isso se aplica especialmente a pessoas que assumiram recentemente suas posições, cuja firmeza de comando poderá ser testada pelos subalternos e cujos perigos e situações inusitados dificilmente evitarão que seja chamado de gestor severo.

Contudo, muito cuidado com o que foi dito antes, é preciso usar de talento para saber dosar as coisas. O líder deve ser ponderado em seus julgamentos e em suas atuações, não ter medo de si mesmo e proceder com moderação, com prudência e humanidade para com as pessoas que estão sob seu comando. É preciso bom senso para que a confiança excessiva em si mesmo não o transforme em um incauto e, por outro lado, que a desconfiança exagerada não o torne um sujeito intolerável. Devemos tratar nossos subordinados como gostaríamos de ser tratados por nossos superiores, mas se preciso for, devemos ser duros.

É melhor ser amado ou ser temido? A resposta mais acertada é que seria muito bom ser amado e, ao mesmo tempo, ser respeitado. Porém, a prática tem demonstrado que em certos casos é muito difícil, se não impossível, conseguir harmonizar as duas coisas, então, em situações reais, é preciso escolher uma das duas opções e, nessas condições, saiba que é mais seguro ser *temido*.

Sendo realista, nas horas mais críticas e de apuro não é raro os homens se mostrarem ingratos, volúveis e hipócritas, fugindo do perigo e sempre ávidos por ganhos, virando as costas para você, agindo em função de seus próprios interesses e traindo seus sentimentos de amizade.

Um enxame de amigos rodeia os ricaços, enquanto a solidão é a marca dos arruinados, os amigos fogem quando são postos à prova; daí todos estes tristes exemplos de deserções ou traições. Enquanto suas atitudes mantiverem cordialidade com eles e as coisas estiverem em paz, as pessoas se mostrarão suas amigas, oferecendo lealdade cega e o que de mais precioso houver, estará à sua disposição. Mas quando as nuvens negras cobrirem o seu céu e a necessidade chegar, elas lhe darão as costas. Isso porque o coleguismo ou a amizade adquirida à custa de favores e interesses são como coisas compradas; e nunca se chega a tê-las realmente, não se podendo contar com elas. Quem começou ser amigo por conveniência, também por conveniência deixará de sê-lo.

Talvez de uma forma um pouco dura demais o faraó Amenemhat I vaticinou: "Não tenhas confiança em um irmão, não conheças amigo, não cries para ti íntimos. Isto não se mostrará útil, pois, no momento da infelicidade, um homem não encontra amigos".

É verdade que com as amizades sinceras e nobres as coisas podem ser muito diferentes, pois ninguém, por maior que seja sua posição, prescinde de um bom amigo.

Mas o fato é que nos momentos de crise, os homens respeitarão mais o governante temido do que aqueles que se fizeram amáveis, respeitarão mais o rugido do leão do que a pureza da pomba. Os homens, sendo instáveis, rompem na primeira oportunidade uma relação amigável, enquanto uma relação de temor se manterá graças ao medo do castigo ou do prejuízo que poderá advir, medo que não te abandona jamais.

O líder deve se fazer no mínimo respeitado, quando não for possível se fazer admirado, mas esse respeito deve ser bem dosado para não criar rancores e ódios desnecessários de seus subordinados. É perfeitamente possível ser temido, sem ser odiado.

Se for preciso agir contra um subordinado, deve haver uma razão justa e clara, inclusive se evitando ao máximo causar qualquer tipo de prejuízo material ou financeiro, pois as pessoas esquecem mais depressa a morte do pai do que a perda do patrimônio. Por exemplo: quando uma pessoa é o dirigente de um grande empreendimento e tem sob seu comando uma multidão de pessoas, é desnecessário se preocupar com uma fama de rigoroso, pois, sem essa fama, corre-se o risco de não se manter uma instituição unida nem se levar a cabo seus projetos.

Para alcançar o sucesso pretendido, muitos grandes administradores souberam aliar virtude e austeridade, mesmo que esta austeridade pudesse significar uma espécie de temor por parte de seus comandados, o que evitou o surgimento de discórdia entre os próprios comandados e entre estes e o líder, isso mesmo nos momentos de maior adversidade. E, sem esse receio, suas virtudes sozinhas não teriam sido suficientes para alcançar os bons resultados. O sucesso sempre esteve ao lado dos líderes fortes.

Há ainda inúmeros exemplos de derrocadas em virtude da fraqueza do condutor, vindo a surgir a desorganização, a anarquia e o não-comprometimento dos subordinados com as metas traçadas pela liderança.

Ora, voltando mais uma vez à questão inicial, se é preferível ser amado ou ser temido, pode-se chegar à conclusão de que os homens amam quando é conveniente para eles e temem quando é conveniente para o líder, assim, é sempre mais seguro ser temido do que ser amado, apoiando-se no que é seu e não no que é dos outros, evitando, contudo, ser odiado.

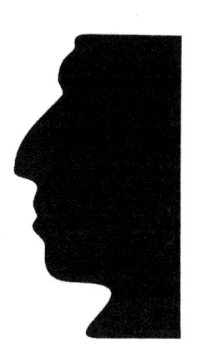

# Como Devemos Cumprir nossas Promessas?

*Se o inimigo procurar alguma vantagem,*
*seduza-o com alguma armadilha.*

Não há dúvida que é muito louvável que um líder seja cumpridor da palavra dada e reconhecidamente seja uma pessoa íntegra e honrada. O homem moral é aquele que é fiel ao seu compromisso, que cumpre a promessa empenhada. A fidelidade é um princípio ético, uma dedicação consciente, prática e completa, de uma pessoa a uma causa, é a crença na constância de valores maiores, e essa reputação irá lhe abrir portas na vida.

Não há como negar, porém, o fato de que muitas pessoas alcançaram grandes feitos descumprindo a palavra empenhada e souberam enganar com astúcia a inteligência dos homens de boa-fé e, ainda, derrotaram aqueles que agiram com fidelidade.

Embora, muitas vezes, comandar signifique servir, se você pretende manter o comando das coisas, precisa compreender que terá de combater, e, nas situações de guerra, as coisas não são como gostaríamos que fossem. Desse modo, devemos saber que há duas formas de combater: uma maneira é combater dentro das regras, a outra forma é lutar usando a força não se importando com as regras.

O combate, respeitando as regras, principalmente as morais, é próprio do homem, enquanto os combates baseados na força e na imposição bruta são característicos dos animais, mas bastante usados pelos homens.

Quando se deseja ardentemente alcançar um objetivo e a primeira forma se mostra insuficiente, pode ser preciso lançar mão da segunda opção; e contra a força não há argumentos. Nesse caso, para ser uma pessoa vitoriosa, é necessário saber dosar corretamente o animal e o homem que há dentro de nós. As antigas lições já nos diziam sobre esse duplo aspecto da natureza humana, e um bom exemplo disso é a lição ensinada pela figura dupla de homem e animal da milenar esfinge de Guizé no Egito.

Do lado animal devemos tomar como símbolos o leão e a raposa. O leão que habita em nós evoca a figura do lutador poderoso, do soberano, do rei dos animais, e traz a encarnação da força, da justiça. Contudo, o excesso de orgulho e confiança em si mesmo, além da figura do pai protetor, do dominador, perigosamente ofuscado pelo próprio poder, pode torná-lo um tirano.

Do outro lado, personificando as contradições inerentes à natureza humana, a raposa representa a face ativa, inventiva e, ao mesmo tempo, destrutiva, audaciosa, mas medrosa, inquieta, maliciosa e esperta da pessoa humana.

Conforme se apresentarem as situações, esses dois aspectos devem ser sabiamente aplicados. O bruto leão não sabe se defender das armadilhas arquitetadas pelo inimigo, e a raposa não tem forças para se defender dos lobos. É indispensável, portanto, ser uma raposa, para conhecer as armadilhas, e um leão, para espantar os lobos. Nas situações do dia-a-dia, é preciso saber quando ser perspicaz e quando usar da força.

Quem se comporta somente como um leão, invariavelmente estará fadado ao insucesso. É o famoso brutamontes que pensa que somente pela força, pela pressão ou pelo medo poderá vencer todas as batalhas. "Não te imponhas pela força. Do contrário, impor-se-ão a ti pela força". É preciso sempre analisar a utilização das próprias forças, embora algumas vezes ela seja necessária, a raposa pode fazer o que o leão não consegue. Mais vale uma raposa viva que um leão morto, mas há pessoas que gostam tanto da força que a autoridade lhes confere que se esquecem de pensar.

Daí concluirmos que, quando formos empenhar nossa palavra, não podemos agir somente como o leão, mas utilizarmo-nos da astúcia e da prudência da raposa, buscando analisar o máximo possível para que isso não venha a se converter em uma cilada para si e para os seus. Por essa razão, afirma-se que uma pessoa prudente não pode nem deve manter uma palavra empenhada quando tal cumprimento se volta contra si mesma e os motivos que a fizeram se comprometer já desapareceram. E, aqui, prudência significa realismo. Esta é uma das proposições que mais causam polêmicas em Maquiavel.

Na área do Direito, há a previsão do não-cumprimento de um compromisso assumido quando ocorre um caso fortuito ou uma força maior que impossibilite o seu cumprimento. Existem acontecimentos que independem da vontade humana e ultrapassam suas forças e diante deles o dever de manter a promessa deve ceder. Um exemplo disso é uma greve que paralisou uma fábrica e impediu o empresário de cumprir o cronograma de entrega de seus produtos; outro é uma inundação que intercepta uma estrada e proíbe uma pessoa de estar presente em uma importante reunião, e assim há tantos outros exemplos. Nesses e em muitos outros casos, surge um fato novo, alheio à vontade das partes, cujos efeitos não se podem evitar ou impedir.

Outra previsão jurídica nesse mesmo sentido é a chamada causa "*rebus sic stantibus*", ou seja, quando se assume uma obrigação baseada em certa circunstância econômica e social e, no caso de sobrevir mudanças imprevistas e profundas na tábua de valores econômicos, torna-se injusto exigir-se o rigoroso cumprimento de um compromisso ou um contrato. É exemplo dessa situação o caso de uma pessoa que comprou um veículo em prestações atreladas a uma moeda estrangeira e, ocorrendo uma forte desvalorização cambial, provocada por uma crise econômica, o valor da parcela é multiplicado, tornando-se absurda e impagável por parte do devedor.

Quantos políticos em suas campanhas eleitorais nos enchem de promessas que jamais serão cumpridas. Jamais faltaram a um líder motivos legítimos para justificar o não-cumprimento de uma palavra dada. É possível encontrar infinitos exemplos e mostrar quantos acordos e quantas promessas foram inúteis e vãs por culpa do não-cumprimento por parte das pessoas. E aquele que melhor soube se comportar como uma raposa, ou seja, aquele que melhor soube fugir das armadilhas, saiu ganhando.

Embora essa seja uma realidade no cotidiano das pessoas, é preciso saber disfarçar bem essa natureza, sabendo simular e dissimular. E os homens são tão simplórios e obedecem tanto às necessidades do momento, que, aquele que engana, encontrará sempre alguém que se deixa enganar. Essa realidade deve estar continuamente presente em nossa mente, para evitar que caiamos em armadilhas e, se não quisermos enganar, que pelo menos não sejamos enganados.

Podemos definir por honra a consideração que as outras pessoas têm pelos nossos talentos, nossa coragem, nossas boas ações, nossa virtude, inclusive pela nossa fidelidade aos compromissos assumidos. A auto-imagem deve ser uma preocupação incessante, pois uma pessoa deve deixar transparecer clemência, fidelidade, humanidade, integridade, religiosidade e sê-lo realmente, mas estar com o espírito disposto de tal maneira que, se for necessário não sê-lo, tenha a capacidade de analisar friamente a situação.

É claro que estas proposições podem perturbar nossa mente. É muito comum que, ao falarmos de nós mesmos, nos consideremos coerentes e cheios de virtudes. Na verdade nos consideramos certinhos e é muito difícil que alguém se declare dissimulado, fingido ou ganancioso; isso é sempre defeito dos outros. E essa característica de se achar perfeito, sem fraquezas e acima dos vícios é a grande marca dos que têm alguma debilidade de caráter, falta de humildade reflexiva e excesso de hipocrisia. Na realidade, nem nós nem o mundo somos certinhos. É preciso que reconheçamos esse aspecto das coisas.

Viver exige disposição para a mudança e para o novo. Isso nos ensina que devemos ter uma mente evolucionista, que precisamos estar dispostos a mudar de opinião e não cultivar preconceitos, rompendo quando necessário com a linguagem do passado. E ser evolucionista significa entender e buscar aceitar a evolução das coisas, o desenvolvimento das ciências e os valores humanos ao longo da história. Mudar de opinião, quando esta mudança se fundamentar em razões evidentes, e ter a mente aberta às novidades é uma característica útil para uma pessoa que se diz contemporânea. A arrogância de acharmos que sabemos de tudo é o começo do nosso fim.

Um homem à frente de seu país não pode observar todas as regras de bondade, pois, freqüentemente, para conservar o Estado pode ser levado a agir quebrando alguns preceitos da fé, da caridade e da religião. Ora, se um país se vê atacado por inimigos, todos esperam que o governante reúna suas forças e revide ao ataque em defesa de seus cidadãos, mesmo que seja necessário usar de armas e emboscadas para eliminar o inimigo. Isso é contra a religião, contra a humanidade, mas plenamente justificável em uma situação de crise. Até certo ponto, também é anti-humano um chefe de polícia determinar o uso da força como único recurso para conter baderneiros, que estão agredindo pessoas e destruindo tudo que vêem pela sua frente, e ainda é, até certo ponto, contra a caridade um pai cortar a mesada do filho, que depois de ter se comprometido a dar a mesada todo o mês, como forma de repreensão por ele ter cometido um grave erro de conduta.

O que isso nos diz é que há lapsos de exceções mesmo para os valores mais altos e, algumas vezes, precisamos fazer o que é preciso para a defesa de nossos interesses ou dos interesses daqueles que dependem de nós. Há momentos em que o juízo de realidade se sobrepõe ao juízo de valor. Durante o bombardeio de Berlim, na Segunda Guerra, vários animais ferozes fugiram do zoológico, correndo pelas ruas. A matança desses animais constituiu para seus autores uma necessidade plenamente justificável.

Há, talvez, nesse pensamento, uma assimilação do conceito jurídico de estado de necessidade, no qual um interesse próprio, estando em perigo, se torna justificável, para afastá-lo, a lesão de interesse ou bem alheio. Outro exemplo é o médico que pratica um aborto quando não há outro meio para salvar a vida da gestante. Esses casos são impunes pela justiça.

É ainda comum nessas situações, quando não há tribunal a recorrer, ser dada atenção ao resultado. É preciso saber nos defender e notadamente os nossos direitos porque se não o fizermos, os outros farão. E, quando tivermos êxito na nossa missão, os meios serão considerados honrosos e serão louvados por todos, pois as pessoas normalmente se deixam seduzir pelas aparências e pelo resultado final das coisas.

Assim, em determinadas situações, é justificável agir diferentemente do que foi prometido, para evitar uma lesão aos nossos interesses em detrimento dos interesses alheios, principalmente quando os motivos que nos fizeram assumir um compromisso se modificaram.

Tudo o que foi exposto deve se tornar um grande alerta para nós, conscientizando-nos do quanto críticos, previdentes e cautelosos devemos ser no momento de empenhar a nossa palavra e, por outro lado, é também muito importante, o quanto críticos, previdentes e cautelosos devemos ser no momento de confiarmos na promessa de alguém.

Assim, é muito importante agirmos com o devido cuidado no ato de efetuarmos uma promessa, pois, no futuro, ela poderá se tornar uma armadilha, voltando-se contra nós. É igualmente perigoso nos fiar na palavra dos outros, pois as pessoas também poderão não agir conforme o compromissado. Aqui, a *prudência* é um recurso defensivo que supre ou desarma todos os outros.

No dia-a-dia não é aconselhável ter exagerada fé nas promessas de campanhas dos políticos, ou nas garantias de um vendedor, ou nas extraordinárias qualidades de um produto de beleza, ou nas campanhas publicitárias que inundam a mídia, só para citar alguns exemplos.

Quando Maquiavel teve a coragem de nos dizer que, em certas situações, poderemos nos ver obrigados a quebrar a nossa palavra, ele também nos disse que os outros farão o mesmo conosco, e muitas vezes sem o menor escrúpulo.

~

# A Importância Fundamental da Reputação para o Sucesso

*Seja respeitoso consigo próprio.*

A reputação é a pedra de toque do poder, é um tesouro que deve ser cuidadosamente aumentado e protegido. A boa fama basta, muitas vezes, para que se vença antecipadamente uma batalha. Por isso, cuide muito bem da sua reputação, pois ela é fundamental para seu sucesso na vida. Ela pode criar uma aura de respeito ou até mesmo de medo.

A reputação é aquilo que os outros pensam de nós, e o que julgam o que somos pode ser bem diferente daquilo que realmente somos, por isso é muito importante que sempre tenhamos bastante cuidado com a imagem que transmitimos de nós mesmos para as outras pessoas, e nossa fama deve ser objeto permanente de atenção.

Devemos evitar tudo aquilo que nos torne odiosos ou desprezíveis aos olhos dos outros. Tornamo-nos condenáveis quando passamos a imagem de pessoas egoístas, interesseiras e usurpadoras das coisas alheias. O que torna um chefe desprezível é ser considerado vulgar, leviano, covarde e indeciso. Essa imagem e essas posturas devem ser evitadas ao máximo por quem quer ser respeitado.

Nossas ações precisam demonstrar grandeza de espírito, valor, seriedade, força moral e crença de que a felicidade é feita de coragem e trabalho. Dessa forma, quando forem levantadas intrigas contra nós, devemos ter uma posição clara, ponderada e firme para que ninguém pense em tentar nos enganar.

Quem souber criar e transmitir uma boa imagem sobre si mesmo conseqüentemente terá boa reputação, o que a tornará mais forte perante ataques, pois é mais difícil agredir alguém que é respeitado e tem fama de excelente pessoa. Uma má reputação fará as pessoas fugirem de você e as difamações colarão mais facilmente.

Não se iluda, mas as aparências são o ponto de partida do julgamento em nossa sociedade, assim como o que se veste, os gestos que praticamos e as palavras que proferimos. Nesse sentido, dizem que o silêncio é um amigo que jamais nos trai.

Até mesmo um provérbio bíblico diz que a reputação é mais valiosa do que as riquezas. "Reputação, reputação, reputação, é a única parte imortal do homem", poetizou Shakespeare. E mesmo no mundo dos negócios, a reputação é fundamental para uma empresa e muitos afirmam ser seu mais valioso ativo. A sobrevivência de um empreendimento ou de um profissional está ligada diretamente à fama que comunicam.

Construir a reputação de uma empresa é um dos maiores desafios dos gestores modernos. Empresas e profissionais que quiserem continuar no mercado precisarão se preocupar, cada vez mais, com a confiança e a credibilidade que transmitem a seus clientes, consumidores e até aos seus próprios funcionários.

É assim também com o médico, com o jornalista, com a secretária, com o advogado, com o consultor, com o padeiro e com qualquer outro profissional. Uma boa reputação é essencial para atrair clientes e investidores. Sabemos que, para um político, a boa fama é a receita para sua subsistência, pois os eleitores votam mais freqüentemente e cada vez mais em função da confiança que lhes suscitam os candidatos.

Muitos usam notícias e boatos como ataque à reputação dos outros, o que funciona como uma poderosa arma para prejudicar seus adversários. Quando você tiver sua reputação atacada por seus inimigos, não mostre insegurança, siga o caminho direto e defenda-a com unhas e dentes sem demonstrar, contudo, desespero ao fazê-lo. A sátira e a ridicularização dos rivais difamadores é uma boa técnica de defesa.

A fama sempre chega antes e se ela inspirar respeito, boa parte daquilo que você for fazer já estará realizado.

# Das Conspirações

*Os desejos humanos são insaciáveis.*

A fundamental preocupação com nossa reputação, ou de uma forma bem simples, de não sermos odiados nem desprezados, deve estar voltada tanto para os que estão sob nosso campo de influência como para os estranhos.

Quando precisamos nos defender de pessoas estranhas, podemos nos socorrer, além de nossa própria capacidade, do apoio dos verdadeiros amigos e dos aliados. E sempre que tivermos poder teremos bons aliados. E, também, sempre que tivermos poder, teremos oponentes! Somos traídos somente pelos amigos em quem confiamos; pois, dos inimigos sempre esperamos ser atacados. Contudo, o conceito de inimigo nem sempre é completamente claro, e o risco de elegermos um alvo errado é muito grande.

Geralmente, quando houver paz com os estranhos, também haverá tranqüilidade nos relacionamentos internos, a não ser, é claro, que alguém esteja conspirando contra você. Em virtude dessa possibilidade, é preciso prestar atenção nos concorrentes externos, porém, sem tirar os olhos dos possíveis opositores internos. Em um navio de guerra, o capitão precisa obviamente vencer as batalhas contra os adversários, mas também evitar os motins.

Evitamos que tramem contra nós, evitando ser odiados ou desprezados e mantendo-se as pessoas do nosso círculo de convivência satisfeitas com nossos atos.

Um dos remédios mais potentes contra conspirações é não ser odiado pela maioria, pois o conspirador sempre acredita que está agradando a maior parte com sua maquinação, contudo, quando percebe que tem somente a minoria a seu favor e que vai desagradar as demais pessoas com aquela trama, desiste, pois sabe que vai enfrentar muitas dificuldades.

Quem conspira não pode estar sozinho, mas precisa da colaboração daqueles que acredita estarem também descontentes. É evidente que, se na sua liderança, na sua empresa, no seu serviço, na sua própria família ou no seu círculo de amizades, a maioria das pessoas estiver descontente com você, a possibilidade de um conspirador alcançar o sucesso será muito maior. Nessas condições adversas, somente um amigo fora do comum se conservaria fiel e não cometeria traição.

Lembremos também que conspirar é sempre perigoso e, por parte do conspirador, só existe medo, recuos, temor ao castigo, por isso ele se acovarda enquanto pudermos ser defendidos pela nossa boa reputação, pelas regras vigentes e pelo apoio das pessoas amigas.

Se somarmos a isso o respeito e boa estima por parte das pessoas, torna-se mais difícil surgir uma conspiração contra nós. Isso porque se o conspirador já teme normalmente levar adiante uma conspiração, se tiver as pessoas como contrárias a esse projeto, deverá continuar temendo mesmo após o ato de traição porque não poderá receber a ajuda de ninguém.

Assim, enquanto tivermos o apoio das pessoas, o que significa dizer, enquanto formos queridos e respeitados, não precisamos nos preocupar muito com as conspirações, porém, quando somos odiados e desprezados, devemos temer tudo e a todos.

É preciso olhar tanto para cima como para baixo no fluxograma da hierarquia. As pessoas inteligentes sempre se esforçaram diligentemente para não contrariar nem os que estão acima nem os que estão abaixo, e esta é uma importante política para se alcançar o sucesso.

Quando se trata de poder, brilhar mais do que aquele que está acima pode indicar que você é uma fonte de conspiração em potencial, representando uma ameaça, e isso pode não lhe ser benéfico.

Outra observação: Se devemos realmente evitar tudo o que nos torna odiosos, a experiência nos ensina que é uma boa prática, delegar a outras pessoas a prática de atos impopulares e praticar pessoalmente aquilo que agrada a todos. Quando não for possível evitar que alguém nos odeie, devemos evitar, se pudermos optar, o ódio dos mais poderosos.

# A Ingenuidade

*O maior perigo que corre o ingênuo é querer ser esperto.*

O animal olhou para a janela e viu a Chapeuzinho Vermelho se aproximar. Vestiu rapidamente a touca da vovó, correu para a cama e se enfiou sob as cobertas.

Chapeuzinho Vermelho entrou e ficou muito surpresa ao ver a vovozinha com aquela cara tão estranha...
– Vovozinha, que orelhas grandes a senhora tem!
– São para ouvi-la melhor...
– E que boca grande a senhora tem!
– É para te comer melhor – urrou o lobo e com um pulo avançou sobre a Chapeuzinho Vermelho...

Seriam ácidas as críticas de Maquiavel à ingenuidade e à infantilidade de Chapeuzinho Vermelho por ter-se entregue às artimanhas do Lobo Mau e, embora na fábula tudo termine bem, na vida real, não poderiam os lenhadores, se aparecessem, salvar a menina já mastigada pelo lobo.

No constante embate de nosso dia-a-dia, uma das fraquezas que mais pode nos trazer prejuízo é nossa ingenuidade. Uma pessoa ingênua é um inocente que geralmente manifesta abertamente seus sentimentos e suas idéias, acreditando, na maioria das vezes, nos fatos e nos discursos das pessoas, sem antes ter submetido os fatos a uma necessária reflexão. É o indivíduo sem malícia, inexperiente, inocente e puro que, por se julgar ladino, se torna presa deliciosa para os enganadores.

Assim, um ingênuo é também um insensato e não tem a necessária esperteza e a desconfiança sobre aquilo que lhe afirmam ser verdade e, constantemente, é vítima de armadilhas e golpes dados por espertalhões e astutos.

Ainda hoje muita gente inocente cai no conto do bilhete premiado, na promessa dos políticos matutos, entrega-se ao fanatismo religioso ou ideológico, crê nas falsas qualidades de produtos oferecidos por vendedores ardilosos, ilude-se por remédios mira-culosos ou se deixa enganar por vantagens imediatas e propostas vantajosas nas mais variadas situações. Há sempre um trouxa para enfiar a touca.

Os ingênuos, muitas vezes, são as vítimas de sua própria esperteza velhaca. O curioso é que não são apenas pessoas humildes que caem no "conto-do-vigário", mas todo tipo de cidadão esclarecido, comerciantes, empresários, funcionários públicos, universitários e os mais variados profissionais. Velhacos ainda têm sucesso com manobras rústicas e de fácil percepção para ludibriar suas vítimas e levar o lucro fácil, o chamado "dinheiro dos otários".

Na ingenuidade, o incauto deixa-se levar pelo lado emocional. Rousseau afirmou que uma parte dos homens age sem pensar e, a outra, pensa sem agir. Deixando-se impulsionar por uma tendência irracional e por uma fé tola no lucro fácil, essas pessoas são as eternas crentes na bondade e na sinceridade dos outros, deixando-se enganar facilmente pela arte do fingimento humano, do engodo e da malícia e, por isso, tornando-se vítimas de sua própria ingenuidade, são magoadas, lesadas e humilhadas, pagando alto preço pela falta de esperteza.

Pode-se fugir da ingenuidade danosa por meio de uma utilização sistemática e escrupulosa da desconfiança, da cautela e da dúvida, ou seja, quando submetemos o mais possível as coisas à nossa reflexão, buscando ampliar nossa consciência sobre a realidade.

A dúvida é o princípio da sabedoria. Use sempre a defesa da prevenção a seu favor para se proteger em qualquer relacionamento, negócio ou ato que você for praticar, mas, por outro lado, tome cuidado para não transmitir uma imagem ruim de pessoa desconfiada e que suspeita de tudo. Mantenha sempre uma sutil margem de incerteza de que aquilo possa estar errado e, agindo dessa forma, você poderá diminuir as decepções, evitar um pouco mais as traições e fugir da ratoeira. Quem duvida, adivinha a metade, diz o provérbio. Ninguém deve experimentar a profundidade de um rio com os dois pés e não te acostumes a fazer a menor coisa sem pensar, ensinou-nos Pitágoras.

As antigas escolas filosóficas nos ensinaram que devemos usar a fria razão não só no estudo da natureza, mas também no relacionamento humano, no namoro, no casamento, na educação dos filhos, nos negócios, no supermercado, no trabalho, na política, enfim, a razão deve sempre caminhar na frente das nossas emoções, sentimentos e impulsos.

Qualquer sistema ético ou religioso irá propor a prática da moral e o exercício das virtudes, porém nenhum deles irá nos pedir para que nos deixemos ser feitos de tolos ou otários nas mãos dos outros. Bom sim, mas tonto não.

# Dividir para Dominar

*Hábil é aquele capaz de criar diferenciais e oportunidades de vitória.*

Como já vimos nos capítulos anteriores, quando se assume uma nova posição de poder, muitas coisas podem ser feitas para tentar manter essa posição. Algumas pessoas, quando assumem a nova posição, retiram poder de seus subordinados, outras tentam manter desunidos seus administrados, outros nutrem inimizades contra si mesmo, outros se dedicam a cativar a amizade daqueles que pareciam suspeitos no começo de sua nova situação, alguns criam escudos de proteção para se defender, outros preferem abrir-se ainda mais.

A verdade é que não inventaram ainda uma receita exclusiva ou um julgamento único sobre o que fazer para manter a nova posição alcançada, mas deve-se analisar com cuidado, caso a caso, para ver o que melhor se aplica àquela determinada circunstância.

É aconselhável que, ao se assumir uma nova posição de comando, saibamos delegar algum poder às pessoas, dando autonomia para que elas próprias diagnostiquem problemas e proponham soluções, compartilhando-se responsabilidades e criando espírito de corpo, pois, dessa forma, as ações das pessoas ampliarão sua força e aqueles que de início pareceram suspeitos se tornão fiéis e aqueles que já eram fiéis continuarão sendo e, de simples subalternos, quando motivados e valorizados com a delegação de atribuições e poder, passarão a jogar no seu time, transformando-se em seus partidários.

As pessoas a quem o poder for delegado, que assumirem postos de chefia, sentir-se-ão em dívida para contigo, e os demais acharão natural que elas gozem de alguns privilégios por correrem mais riscos e terem mais obrigações.

No caso contrário, se uma pessoa é muito centralizadora e retira poder e atribuições das outras, estas se sentem ofendidas, pois se dá mostra de que não se confia nelas, por considerá-las incompetentes ou desleais, o que suscitará ódio contra ti. O resultado disso é em que, além de incentivar conspirações, você fatalmente precisará recorrer a pessoas de fora, e talvez estas não sejam suficientes para te defender dos perigos e ainda mais dos comandados ofendidos, dando ainda mais condições para o surgimento de descontentamentos, maquinações e conspirações contra ti.

É preciso, constantemente, criar partidários.

No caso em que for agregar-se à sua esfera de influência uma nova área, como uma nova roda de amigos, um novo departamento, ou uma nova empresa que ficará também sob sua gerência, não é seguro você confiar e dar muito poder às pessoas que ali atuavam até que você as conheça bem e tenha a certeza de que elas estão do teu lado. Maquiavel chegou a afirmar que nesses casos é necessário "pressupor que todas as pessoas são más e que sempre agirão segundo a fraqueza de seus espíritos quando tiverem chance". Se for o caso, às vezes será preciso tirar-lhes o poder de decisão, deixando-o somente nas mãos de seus amigos partidários. Em outras palavras, para dirigir áreas agregadas recentemente, deve-se somente contar com pessoas cuja fidelidade já foram comprovadas.

Muitos ainda aconselham semear algum tipo de pomo da discórdia entre grupos subordinados para, assim, dominá-los mais facilmente, pois enquanto essas pessoas estiverem distraídas com suas diferenças, não terão tempo de pensar em se unir contra você. Dividir para dominar, em última análise, é uma técnica muito usada na história.

O sr. João era um grande proprietário de terras e sabia da existência de intrigas entre seus administradores. Indagado sobre isso, respondia: – Cada um que vem até mim, conta tudo sobre os outros, às vezes, tentando prejudicá-los, assim, fico sabendo tudo o que ocorre nas minhas propriedades. Quanto às intrigas, eu não as alimento, mas também... não me intrometo. Criados são inimigos pagos.

Tais procedimentos colocam em destaque a habilidade de lidar com as coisas.

Divisões internas são proveitosas somente em tempo de paz, por tornar mais fácil controlar as pessoas, porém, em tempo de guerra o feitiço pode virar contra o feiticeiro, pois o inimigo irá encontrar uma situação de desunião e, portanto, enfraquecimento. Inimigo dividido, meio vencido.

Nada é fácil e ninguém pode conseguir um triunfo se não estiver disposto a fazer sacrifícios pessoais. As adversidades da vida e os inimigos servem para testar-nos, pois uma vez enfrentados com capacidade, valor e força, tais situações nos permitem adquirir o ouro da reputação, permitindo-nos galgar posições mais elevadas com a própria escada oferecida pelos inimigos. O que não me mata, me fortalece!

Por isso, muitos consideram que uma pessoa sábia deve, sempre que a oportunidade surgir, saber nutrir com astúcia algum tipo de competição, para que, depois de vencê-la, sua fama se torne maior. Quando se fica parado por muito tempo no mesmo lugar, sem novos objetivos, o horizonte começa a ficar estreito e nossas forças se enfraquecem, ou como diz o ditado: pedra que não rola, cria limbo.

Outro ponto interessante é quando você assumir uma nova posição. Poderá se surpreender ao encontrar mais lealdade e utilidade nas pessoas que inicialmente pareciam suspeitas do que nos outros. Os que eram de opinião duvidosa têm muito mais a provar e precisam muito mais apresentar resultados para apagar aquela má impressão inicial que deixaram.

Uma questão a ser analisada, principalmente para um político eletivo, é a razão que levou os cidadãos a apoiá-lo. Se não for por mérito pessoal, mas sim por estarem descontentes com a administração anterior, será muito mais perigoso e difícil manter sua aceitação, porque será quase impossível contentá-los por sua insaciabilidade.

A experiência demonstra que é muito mais fácil ter amigos entre os homens que estavam contentes com a administração anterior, e que por essa razão foram seus adversários, do que entre os descontentes que se transformaram em seus amigos e o ajudaram a tomar o poder. Em síntese, cuidado com os descontentes, pois podem ser conspiradores de carteirinha.

~

# Construindo Fortalezas em Torno de Si

*Quando você for o mais fraco, seja hábil em tomar a defensiva.*

É bom construir fortalezas para nos proteger dos inimigos externos... ou não?

Por analogia, construir muralhas defensivas em volta de uma cidade significa o mesmo que erguer barreiras em torno de nossa pessoa, erigir obstáculos defensivos em torno de nosso mundo, com medo de ataques dos inimigos, e, de certa forma, nos isolarmos da vida lá fora. A esta questão, Maquiavel conclui que essas barreiras nos trarão, ao final, mais prejuízos do que benefícios.

Mais uma vez se aplica a lição de que a melhor segurança que existe para uma pessoa de destaque é não ser odiada nem desprezada, mas sim desfrutar da amizade de um grande número de pessoas e ter bons relacionamentos, tanto fora como dentro de sua área de atuação.

Por essa razão, conclui-se que é duvidosa a utilidade de se construir fortalezas, ou em outras palavras, se confiar em sistemas de isolamento para nos proteger das adversidades da vida e dos nossos inimigos, principalmente no mundo moderno, onde a ampla, comunicação é a grande conquista humana.

O isolamento somente se justifica quando precisamos de silêncio para melhor refletir sobre as coisas, ou para um merecido descanso, no caso das clausuras religiosas ou no caso do ato criativo.

Tirando essas possíveis situações, a interposição de barreiras entre o mundo externo e nós não é, de maneira alguma, aconselhável e, como foi visto nos capítulos anteriores, devemos estar abertos e integrados ao mundo, que é fonte de nossos recursos, mantendo amplos contatos, circulando e ouvindo opiniões; informados da realidade. Somente ouvindo com atenção o que seus subordinados – ou seus superiores – têm a dizer é que você poderá tomar decisões cada vez mais acertadas.

Isolar-se e criar obstáculos, ao contrário de gerar segurança, aumentará a distância dos acontecimentos, distorcendo a realidade em torno de nós mesmos. Saia da sua sala, da sua solidão, de seu isolamento e ouça as pessoas com quem você trabalha ou convive. A comunicação sempre foi e continuará sendo um fator determinante da interação e desenvolvimento de usos e costumes, sensibilidades, culturas e necessidades públicas. Exercite seu talento no relacionamento com as pessoas. No fundo, a única realidade das empresas, entidades, grupos ou mesmo de uma família são as pessoas, o restante é ficção jurídica ou social.

A comunicação aproxima os homens, aumenta o comércio e muda a fronteira dos negócios. Onde há a capacidade de trocar e discutir idéias, de dialogar, de conversar, com vista ao bom entendimento entre as pessoas, há motivação, há negócios, há entrosamento. Estrategicamente, a construção de fortalezas não oferece a proteção desejada, criando mais problemas do que soluções, tornando-nos mais vulneráveis do que protegidos.

Da mesma forma, quando nos deparamos com barreiras impostas por outras pessoas ou outros grupos, devemos saber trabalhar com habilidade para enfraquecê-las e desmontá-las, ao invés de usarmos de força para ultrapassá-las.

Lao-Tsé dizia que o medo constrói barreiras, enquanto a verdade constrói portas.

A vida é a arte do encontro, dizia o poeta; e quando nos fechamos ao exterior, a nossa ausência poderá incentivar a discórdia, propiciar conspirações e, na melhor das situações, nos jogará no esquecimento.

A melhor fortaleza que existe é não ser odiado. Por mais defesas que você pense em construir em torno de si mesmo, se as pessoas te odiarem, elas não te protegerão. Não confie em fortalezas, mas dê importância à sua reputação, o verdadeiro escudo defensivo contra ataques inevitáveis. Maquiavel escreve que um príncipe bom e sábio, desejoso de manter esse caráter e impedir que seus filhos tenham oportunidade de se tornar tirânicos, não construirá fortalezas, para que eles possam confiar na boa vontade de seus súditos, e não na força das cidadelas.

# Como Devemos Agir para Sermos Estimados

*Todo êxito oculta uma abdicação.*

Se quisermos ter sucesso, é fundamental desfrutarmos da estima das pessoas, tanto as de baixo como as de cima, e nada atrai tanto a estima por alguém como suas grandes realizações na vida e seu exemplo como pessoa.

A estima é um sentimento de apreço e de valor que dedicamos a alguém por aquilo de exemplar e valoroso que conseguiu realizar na vida. Uma pessoa que alcançou o sucesso é uma pessoa estimada. Mais ainda nos atrai os exemplos daqueles que, mesmo tendo de enfrentar muitas dificuldades, conseguiram vencer na vida, desfrutando de boa reputação, ou aqueles que, mesmo sendo originários de famílias humildes, souberam construir a si mesmo, enfrentando com coragem e ânimo as complexidades e obstáculos do mundo.

Lições de força, tenacidade, trabalho e intrepidez não faltam. Este é o critério para estimarmos o caráter: as realizações. E como dizia o velho ditado: para falar ao vento, bastam palavras, para falar ao coração, é preciso obras.

Uma pessoa também é estimada pela sua sinceridade, quando é um amigo verdadeiro ou um oponente também verdadeiro, isto é, quando se declara francamente e sem nenhum receio a favor ou contra algo. Aquele que limitadamente só pensa em si é o supremo pobre, cuja fraqueza se baseia na mentira e na vaidade. A pessoa dissimulada, fingida e sem coragem não desfruta de nossa admiração, mas da nossa desconfiança.

Tomar uma posição sincera é mais útil do que permanecer neutro e, em muitos casos, a neutralidade esconde o lado hipócrita da pessoa, acobertando um ânimo fraco e desleal. É claro que não são em todas as situações que devemos nos posicionar e, em outras, é mister ter uma postura neutra e pacificadora. Isso não sendo possível, por termos interesses envolvidos na disputa, sejam presentes ou futuros, a experiência nos mostra que é útil tomarmos partido e procurar intervir abertamente no conflito. Isso porque, se não nos declararmos a favor de um dos lados e agirmos com indiferença, seremos sempre uma presa para o vencedor e um traidor para o vencido, que não terá mais razões para nos proteger ou apoiar. Já para quem vence, não interessa amigos suspeitos, que se omitiram quando mais se precisou deles.

As coisas sempre se repetem: quem não é seu amigo, tentará te convencer a ficar neutro, mas seu amigo pedirá que você lute a seu lado. As pessoas indecisas, para fugir dos perigos, freqüentemente tendem à neutralidade omissiva e, na maioria das vezes, caem na ruína.

Quando nos declaramos corajosamente a favor de uma das partes e essa parte vence, mesmo que estejamos em uma posição um pouco inferior, essa pessoa terá contraído uma dívida e um vínculo de amizade conosco, e ninguém é tão desonesto a ponto de ser ingrato e trair um reconhecimento. A gratidão é a memória do coração, diziam os franceses. E, afinal, as vitórias nunca são tão absolutas que o vencedor não precise manter certa cautela. O sucesso nunca é definitivo e o fracasso nunca é fatal, o que conta é a coragem demonstrada.

Por outro lado, se a parte que você deu apoio perder, esta também sempre te dará apoio, quando puder; e se conseguir se reerguer, você terá ao seu lado um bom companheiro. Mas lembre-se: a política pode até criar cúmplices, mas nunca amigos.

O mundo é sabidamente complexo e nunca estaremos certos de que iremos tomar a decisão correta; por isso, é sempre bom pensar que as decisões que estamos tomando podem estar completamente erradas e toda vez que procuramos resolver um problema iremos nos deparar com outro, assim, mais uma vez, é bom usar da velha e boa prudência e tomar aquela decisão que, se estiver errada, nos trará menos prejuízo no futuro. Nesse caminho, não nos esqueçamos de nos mostrar amantes da virtude, acolhendo as pessoas virtuosas e leais e honrando aqueles que se destacaram por seus feitos.

# Das Qualidades dos Colaboradores

*Os grandes homens são dotados da intuição necessária para escolher os seus colaboradores.*

Tanto a escolha dos amigos como a escolha das pessoas com quem se convive, como a equipe que irá auxiliar nos trabalhos, será boa ou não de acordo com a prudência e o caráter de quem escolher. A primeira idéia que fazemos de uma pessoa se baseia nos homens que a rodeiam, e isso se aplica tanto aos amigos de escola como à diretoria executiva de uma grande corporação econômica internacional. Nenhuma indicação melhor se pode ter a respeito de uma pessoa do que as amizades que ela freqüenta: aquele que tem companheiros decentes e honestos adquire, merecidamente, boa reputação, porque é impossível que não tenha semelhança com eles. Dize-me com quem andas e direi quem tu és, ensina o ditado popular. Mais cruel é o adágio chinês ao proferir que as más companhias são como um mercado de peixe: acabamos por nos acostumar ao mau-cheiro!

Quando alguém convive com pessoas reconhecidamente de bem, competentes e trabalhadoras, nosso conceito sobre esse alguém será também de uma pessoa de bem, competente e trabalhadora. Um dos grandes segredos do sucesso é ter sabedoria na hora de escolher sua equipe. Não basta só saber, é preciso saber quem sabe.

Se determinada pessoa escolhe como colaboradores indivíduos competentes e leais, podemos considerá-lo inteligente e capaz, pois soube reconhecer, na hora da escolha, gente séria e apta para cumprir com suas obrigações.

Não é o *status* ou a riqueza a verdadeira grandeza de um homem. Incorremos em erro e em falsas apreciações na escolha das pessoas porque a avaliamos em conjunto com seus bens e seus acessórios e esquecemos de analisar o que realmente são como seres humanos. Quando quisermos apreciar o verdadeiro valor de alguém, devemos observá-lo sem adornos, sem seus bens, sem seus títulos e todos os demais artifícios, inclusive pondo de lado a sua própria aparência. Devemos buscar a alma de uma pessoa, suas qualidades intelectuais, enfim, sua grandeza intrínseca.

Por outro lado, fazemos um mau julgamento daquele que escolheu para suas relações pessoas falsas, desleais, imorais ou incompetentes. Somos responsáveis quando optamos pelas más companhias, pois isso é, antes de tudo, sinal de incompetência. A má companhia torna o bom, mau e o mau, pior.

Passamos a conhecer uma pessoa por suas amizades e companhias, e estas ajudam a formar a sua reputação e, como já vimos, a reputação é algo importantíssimo para o homem. Como ensinou Plutarco, "a reputação é como o fogo: uma vez aceso, conserva-se bem, mas se apagar, é difícil de acendê-lo".

Em uma palavra: é preciso ser competente para escolher com quem vamos estar.

É fácil concluir que a escolha das pessoas que nos cercam pode significar o nosso sucesso ou nosso fracasso na vida. As melhores companhias são aquelas que nos fazem melhor do que somos, que nos propõem uma constante superação de nós mesmos, por essa razão devemos ser cuidadosos na escolha dos amigos, na composição de uma parceria, na hora de montar nossa equipe de trabalho e na preferência pelas pessoas com quem iremos conviver. Não ande com pessoas que não irão agregar nada na sua vida futura.

Há uma fórmula que nunca falha, para que se possa realmente conhecer um amigo ou um colaborador: se perceber que essa pessoa pensa mais em si mesma do que em ti e que busca preferencialmente o proveito próprio em detrimento do seu, jamais será uma boa companhia e jamais poderá confiar nela. O egoísmo é a raiz de todos os males.

Quem exerce uma função em nome de outro, por exemplo, o executivo de uma empresa ou o administrador de uma propriedade agrícola deve sempre pensar preferencialmente no sucesso de seu empreendimento. Aquele que assim não age não é bom colaborador e não deve merecer a nossa confiança.

Não se iluda, ninguém alcança o sucesso sozinho, e aquele que está na direção ou na liderança de um grupo e quer alcançar bom êxito deve fazer com que todos aqueles que estão à sua volta também cresçam e desfrutem igualmente do sucesso.

"Aquele que acumula com avareza, sofrerá perda de vulto, mas um homem contido, nunca se desaponta", ensina o *Tao Te Ching*. É necessário nunca ser avaro e saber compartilhar o sucesso, pois quando todos crescem o sucesso é mais garantido. Nesse sentido, é aconselhável ver os homens como parceiros.

Maravilhosamente, quando todos se beneficiam da evolução, haverá uma convivência de cordialidade e confiança; do contrário, o final será sempre desastrado para todos. Sem compartilhar não haverá justiça; sem justiça, não haverá paz, sem paz, não haverá futuro.

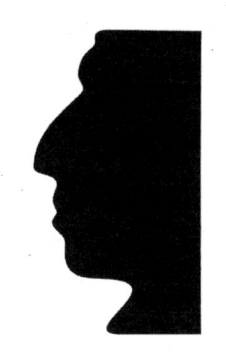

# Evitando a Má Influência

*Só os estúpidos têm certeza absoluta.*

Se pretendermos ser um bom líder, não podemos nos comportar como aquelas pessoas vulneráveis e altamente influenciadas pela opinião alheia, que mais se parecem com barcos sem norte, que mudam de rumo ao sabor dos ventos, verdadeiros joguetes nas mãos dos outros. Essas pessoas geralmente têm o ânimo fraco e são pouco firmes na virtude e normalmente optam pelo lado de maior número, as chamadas *"Maria-vai-com-as-outras"*.

Não goza de confiança nem de boa reputação aquele que faz uma coisa hoje e a desfaz amanhã, que não sabe o que quer e o que não quer, que é volúvel e inconstante em suas opiniões e em suas atitudes.

Falsidade e fingimento fazem parte do caráter dos indecisos e um excessivo andar sem destino é indício de uma alma doente. "Uma planta nunca se robustece se continuamente a mudamos de lugar; nada enfim, por muito útil que seja, conserva a utilidade em constante mudança", ensinava Sêneca. Os que são hesitantes e instáveis e, por isso, estão continuamente mudando de lado e de objetivos na vida, deixando-se arrastar ao sabor dos modismos e do acaso, como entulho levado pelas águas de um rio, nada de sucesso alcançam. Aquele que não tem aonde ir, nunca chegará a lugar algum, preceitua um velho ditado.

Provar muita coisa é sintoma de estômago insensível; quando são muitos e variados os pratos, só fazem mal em vez de alimentar, por isso é que devemos escolher um rumo constante para nossa vida. Um caráter fraco leva à irresolução, à indecisão, à hesitação e, invariavelmente, ao predomínio dos caprichos.

Pode facilmente incorrer no grave erro da inconstância, aquele que dá ouvidos a muitas pessoas, a inúmeros conselheiros, opinadores, mexeriqueiros, interesseiros e bajuladores.

Não devemos nos deixar envolver precipitadamente pela primeira informação que nos passam. Até mesmo boa parte da mídia e dos escritores têm seus interesses por trás das notícias que veiculam. É preciso sempre juntar a maior quantidade possível de informação para se ter um parecer confiável sobre um assunto, mas sem se confundir com eles. Também é sempre aconselhável ouvir os dois lados da moeda. Opiniões irrefletidas expressam o caráter débil de uma pessoa.

É aconselhável estar atento e neutralizar os palpiteiros inconseqüentes, os fofoqueiros e os mentirosos, não se deixando influenciar por "opiniões" irresponsavelmente colocadas pelos outros. Uma mentira, várias vezes contada, pode se transformar em uma verdade; é mais fácil acreditar em uma mentira que se ouve mil vezes do que em uma verdade que nunca ouvimos.

Ou aprendemos a distinguir conselhos sábios e judiciosos dos comentários rotineiramente jogados pelas pessoas, ou sofreremos muitos prejuízos. O conselheiro ignorante é um grande inimigo.

Mesmo que seja uma tarefa que mereça certo esforço de nossa parte, devemos agir aqui como a raposa e estar sempre atentos para nos defender desse verdadeiro perigo que, muitas vezes, se transveste de *opinião de um amigo*, de um *conselho para nosso bem*, de uma *informação para a nossa segurança* e tantas outras roupagens usadas pela desinformação, pelo interesse escuso e pelo mal.

Fugindo da ingenuidade, devemos sempre cultivar uma certa crítica das opiniões alheias, pois, duvidando, chegamos à verdade.

Outra forma eficiente de se defender desse engodo é ter um procedimento tal que as pessoas entendam que procuramos sempre a verdade das coisas e que elas não nos ofendem quando nos dizem a verdade. Devemos manter uma atitude de verdadeira franqueza, de modo que compreendam que, quanto mais livremente falarem, melhor serão recebidas. Embora possa magoar, a verdade é indestrutível, por isso devemos passar a mensagem de que nos dizer a verdade será sempre a melhor política. Contudo, esta abertura também deve ser ministrada com parcimônia, para não darmos a oportunidade de que as pessoas abusem dessa liberdade concedida.

Em situações difíceis ou mesmo quando problemas complexos precisam ser resolvidos, não é eficaz dar muita importância às diferentes opiniões de um grande número de pessoas, pois isso pode trazer ainda mais indecisão. É salutar selecionar pessoas inteligentes e experientes na matéria, ouvindo o que eles têm a dizer objetivamente sobre o assunto.

Mesmo na busca da sabedoria ou na leitura cotidiana, devemos optar por alguns poucos autores de confiança, pois a leitura de inúmeros autores e textos pode nos arrastar à indecisão e à instabilidade. Confundir o pensamento de alguém com muitas soluções possíveis, muitas e variadas saídas, cria a dúvida e leva à irresolução, e essa é uma velha técnica para manter alguém dominado.

Após esgotar nossas dúvidas, ouvindo com atenção, devemos refletir serenamente para formar a nossa própria opinião. Nunca acreditar em tudo que chega aos nossos ouvidos. Não é respeitado nem inspira confiança aquele que muda sua decisão freqüentemente por dar ouvidos a qualquer um.

Com o cuidado para não cair no vulgar, devemos sempre pesquisar muito e escutar com a mente aberta o que os outros têm a nos dizer, até esgotar uma matéria, para só depois tomar uma deliberação. Há sim bons conselhos e muitos os recebem, porém, só os sensatos se beneficiam deles.

Uma vez amadurecida uma decisão, por meio da ponderação e de uma serena meditação, deve-se realizar obstinadamente o que foi decidido. Não devemos jamais desanimar, nem abandonar a luta, mesmo se fracassarmos algumas vezes antes de atingirmos o nosso objetivo. Portanto, é salutar pedir conselhos sempre, mas quando for de nossa vontade e não quando os outros quiserem. E mais, é mister saber desencorajar aqueles palpiteiros que querem exercer uma influência maior do que lhe foi permitida.

~

# Da Indolência

*Choraram e imploraram misericórdia, freneticamente lançando a culpa uns sobre os outros.*

A sabedoria consiste em observar conscientemente as lições e aprender com as experiências que a vida nos proporciona e, dessa forma, mesmo um jovem aparentará maturidade. Não é por palavras, mas realmente assimilando e pondo em prática as lições, que poderemos alcançar o sucesso e o aperfeiçoamento pessoal.

Quando estudamos nossas experiências, acabamos por ampliar e reformular nossos pontos de vista, e a prática nos ensina que as ações justas e virtuosas conquistam as pessoas ao nosso redor e geram mais admiração do que a posição econômica ou social que alguém possa ocupar.

Nossa felicidade e o nosso sucesso são construídos no dia-a-dia por nossas atitudes e comportamentos, o que mais chama a atenção em uma pessoa é sua postura correta no presente e seu entusiasmo em acertar, não importando tanto se acaso tenha cometido algum erro no seu caminho.

Ter por prática atitudes corretas e justas e com isso alcançar os objetivos almejados, dando exemplo de capacidade e trabalho, traz a esta pessoa uma ótima e valiosa reputação. Por outro lado, ela será motivo de desconsideração e lástima se tiver herdado bens e oportunidades e ter perdido tudo isso por imprudência e irresponsabilidade. Um nada tinha e, por força própria, conseguiu construir um patrimônio; o outro tudo tinha e, por leviandade, conseguiu destruir um patrimônio que não era seu.

Pelo erro alheio, o sábio emenda o próprio. Se examinarmos os exemplos daqueles que perderam tudo, encontraremos um defeito comum: não souberam evitar a aversão das pessoas ou não souberam se precaver dos ataques dos seus adversários.

Aqueles que perderam tudo o que tinham não devem culpar exclusivamente a sorte por ter perdido, mas devem culpar a própria incapacidade, o próprio desleixo, a própria preguiça e a própria ignorância. As maiores dificuldades são filhas da preguiça e a indolência caminha tão devagar que a pobreza em pouco tempo a alcança, diz o ditado.

O destino tem muita força na nossa vida, mas nosso livre-arbítrio, nossa atitude e precaução podem evitar que sejamos vítimas imprevidentes da sorte. Os sucessores e herdeiros, durante os períodos de abundância e paz que herdaram, nunca acreditam que as coisas podem mudar, e é um defeito de todos os homens não levar em conta a tempestade, se o mar está calmo. Quando os tempos difíceis chegam, pensam em se refugiar na proteção de outros e apelam para que outras pessoas venham salvá-lo, oferecendo-se como vítimas voluntárias para as armadilhas.

Antes de tudo, a questão está em ter determinação de fazer tudo o que tiver de ser feito, independentemente das circunstâncias. Haja o que houver, jamais retroceda um passo sequer nesse intento. Quando as pessoas se encontram em circunstâncias difíceis, têm a tendência de desistir de tudo e pensar que a situação é irremediável antes mesmo de tomarem qualquer ação concreta. É nisso que reside a causa de todo o fracasso. A única coisa a temer é o próprio medo.

É bom lembrar que as defesas contra as adversidades somente são boas, seguras e duradouras quando dependem de ti e da tua virtude. Coragem, pois não há melhor oportunidade para crescer do que nos tempos difíceis.

Sucesso!

Este livro foi composto em Times New Roman, corpo12/15.
Papel Offset 75g
Impressão e Acabamento
Hr Gráfica e Editora – Rua Serra de Paraicana, 716 – Mooca– São Paulo/SP
CEP 03107-020 – Tel.: (011) 3341-6444 – e-mail: vendas@hrgrafica.com.br